JORGE SÁNCHEZ

LA VUELTA AL MUNDO POR 99 LUGARES SAGRADOS

Manakel
Madrid, 2025

© Jorge Sánchez (*www.jorgesanchez.es*)
© Manakel, 2025
© Editorial Dilema, 2025
Ibáñez Marín, 11 - 28019 Madrid
Teléfonos: 91 472 90 71 y 670 36 74 79
info@editorialdilema.com
www.editorialdilema.com
ISBN: 978-84-9827-696-1
Depósito Legal: M-8092-2025

Diseño de portada: Esther Hernández
Maquetación: Esteban Gancedo

Para mis tres hijas y mi hijo,
lo más sagrado de mi vida.

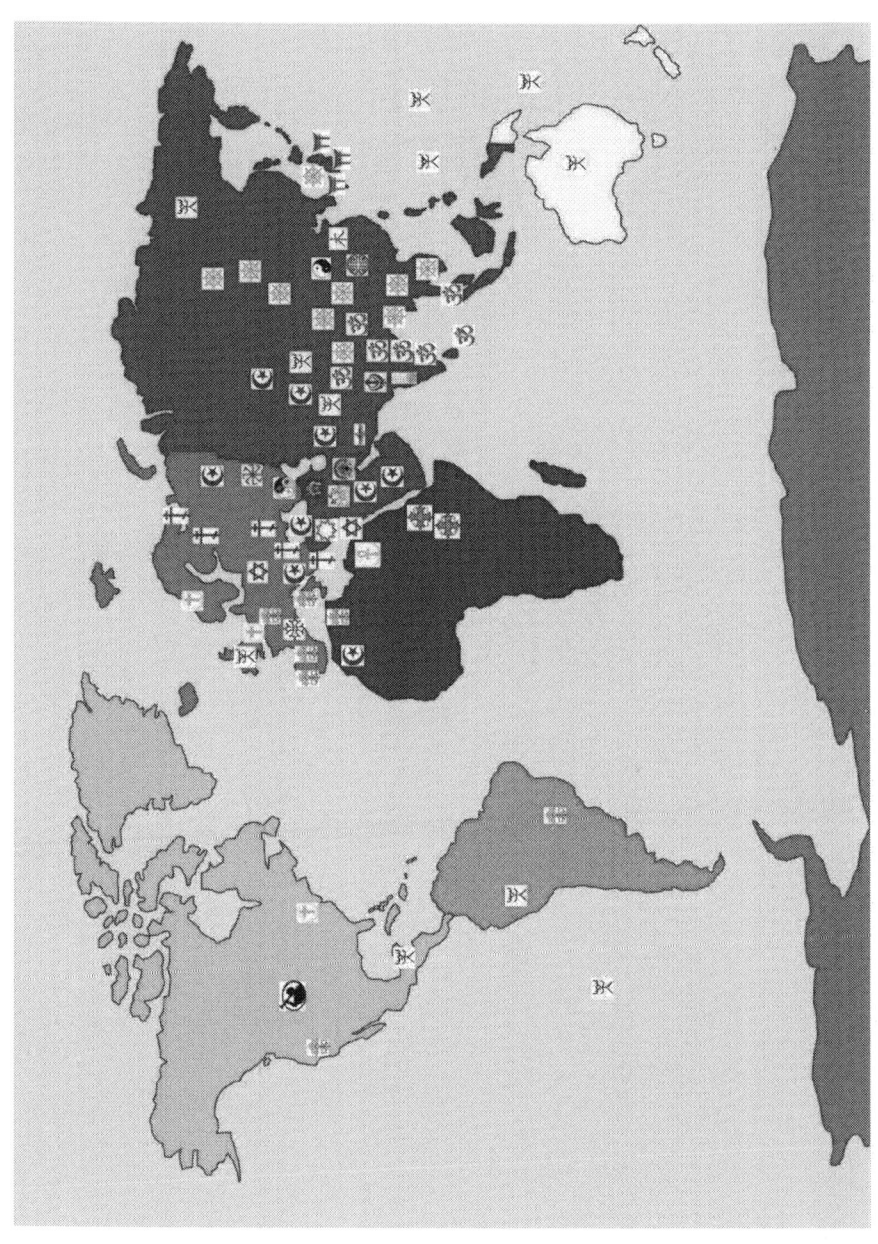

Mapa de todos los lugares sagrados visitados en este libro

INTRODUCCIÓN

Durante mis viajes me he encontrado con aventureros cuya meta principal era visitar parques naturales habitados por animales salvajes; otros volaban a islas paradisíacas para bañarse en sus playas y practicar buceo, o se desplazaban a países remotos para encontrarse con tribus de costumbres ancestrales. También los hay que tienen preferencia por los patrimonios culturales o geográficos de la organización UNESCO. En mi caso, la razón de mis viajes siempre ha sido conocer los cenobios y lugares sagrados de cada país para tratar de aprender de las enseñanzas que en ellos se imparten, y en algunos he solicitado ser admitido como monje, tanto en monasterios cristianos como en pagodas budistas, tekkes musulmanes o templos hindúes.

¿Qué me motivaba a ello? Hoy creo saberlo: el imperioso deseo de comprender la existencia del ser humano en este mundo, deseo que no te da tregua y te impele a buscar constantemente una respuesta satisfactoria.

Al finalizar la Edad de Hielo (o Glaciación Würm) –poco más de 10.000 años atrás–, algo verdaderamente extraordinario experimentaron nuestros antepasados los Homo Sapiens; de pronto, esos bípedos implumes se mostraron preocupados por su destino y por el enigma de la muerte. Eso fue el origen de algo prodigioso que los diferenciaba de los demás seres vivos: la adquisición de consciencia, lo que les ofreció un objetivo trascendental, que fue comprender el significado de la vida. Ello fue el inicio de las religiones.

He seleccionado 99 lugares sagrados de los 5 continentes con la particularidad de que en todos ellos he pasado un tiempo, desde varios meses a una semana o, como mínimo, un día. También detallo los peregrinajes que he acometido. Examino todas las religiones principales con sus ramificaciones, alcanzando una treintena.

En total abarco una cincuentena de países, desde Japón a Etiopía, de Arabia a Serbia, de Perú a las Islas Salomón. A los países grandes como Rusia, China o India he asignado un promedio de 8 sitios sacros a cada uno de ellos. En cuanto a Grecia, donde pernocté en 10 monasterios distintos del Monte Athos durante 10 días, solo he elegido uno entre ellos. De España he destacado los monasterios a lo largo del Camino de Santiago.

De todos los sitios santos que conocí procuré obtener conocimientos y técnicas que me mostraran las condiciones para aprender a vivir correctamente, lo cual detallo en este libro, que recoge la quintaesencia de mis 30 años netos fuera de España explorando los lugares sagrados de todos los 193 países de las Naciones Unidas.

EUROPA

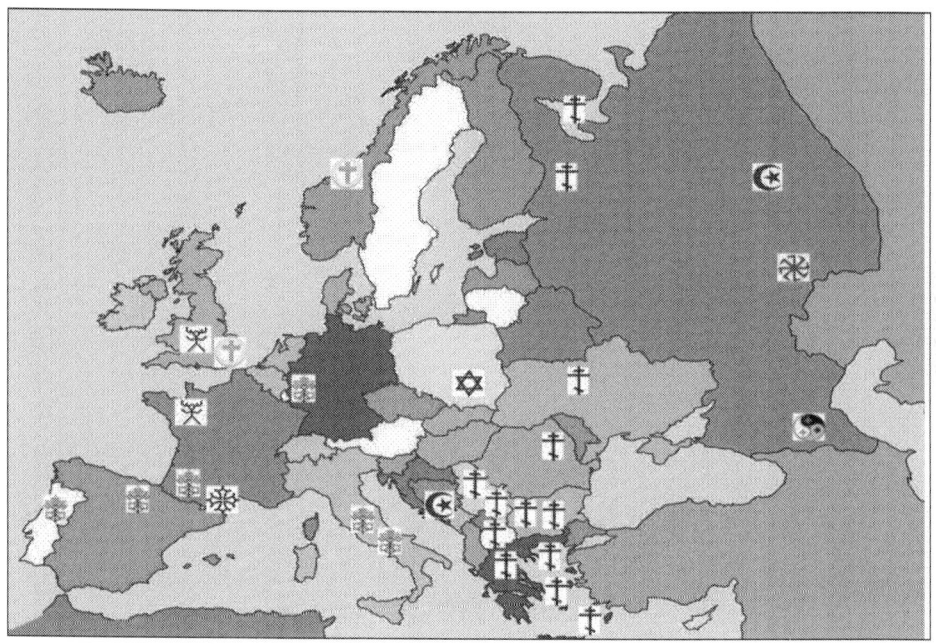

Europa destaca por la práctica de la religión cristiana. La variante más importante es la católica, seguida de la ortodoxa, la protestante y la anglicana. Varios de los peregrinajes de la Cristiandad transcurren por este continente, como son el Camino de Santiago, la Vía Francígena, el Camino de Jerusalén o el Camino de San Olav.

Centros del cristianismo son la Ciudad del Vaticano para los católicos, Constantinopla más el Monte Athos para los ortodoxos y Canterbury para los anglicanos.

La segunda religión en importancia, con un 5% de la población europea, es el islam debido, principalmente, a los inmigrantes provenientes de países musulmanes.

ALEMANIA

1. Porta Nigra de Tréveris

Como Alemania es un país cercano a España he tenido la oportunidad de recorrer todos sus 16 länders o divisiones territoriales en diversas ocasiones, siendo el interés primordial de mis viajes recalar en sus enclaves sacros, de los cuales visité, entre otros, catedrales espectaculares como las de Colonia, Aquisgrán, Bremen o Naumburgo cuando a los 18 años realicé un viaje de vagabundeo por una decena de países europeos utilizando el autostop como principal sistema de transporte.

Recuerdo que en ese viaje, que duró 2 años, antes de regresar a España para ingresar como soldado en el entonces Servicio Militar obligatorio, cuando al visitar una ciudad se ponía a llover, o comenzaba a cansarme de tanto caminar y necesitaba sentarme, entraba instintivamente en la catedral o iglesia más cercana, donde me sentía a salvo, como en casa. Dentro de ellas escrutaba el interior y me invadía un sentimiento de paz.

En viajes posteriores llegué a conocer otros lugares sacros alemanes, como el monasterio cisterciense de Maulbronn, la colegiata de Quedlinburg, la isla monástica de Reichenau, la abadía benedictina de Ettal y hasta había peregrinado a la iglesia de Wies.

En estos cenobios admiré su seductora arquitectura, sus tesoros y obras de arte, además de estudiar su historia.

De entre todos estos sitios sagrados alemanes lo que más me impactó, con abismal diferencia, fue la visita que realicé a la Porta Nigra, erigida a finales del siglo II, que servía como entrada septentrional a la ciudad de Tréveris, en el länder de Renania-Palatinado, la cual me subyugó de tal manera que me dejó estupefacto. Y tanto me impresionó que me pareció percibir una especie de "baraka" o bendición al situarme frente a ella.

Tréveris es una de las ciudades más antiguas de Alemania; fue fundada por los romanos en los primeros años del siglo I, en tiempos del emperador Augusto, y la llamaron Augusta Treverorum. Todavía hoy se preservan el puente romano (Römerbrücke) sobre el río Mosela, la basílica de Constantino, las termas imperiales y el anfiteatro.

La ciudad también alberga la catedral de San Pedro, la más antigua de Alemania, que fue construida sobre cimientos de edificaciones romanas, como un palacio de la que sería en un futuro santa Elena, madre del emperador Constantino el Grande, que lo donó para levantar una iglesia, origen de la catedral actual. El cráneo de santa Elena se custodia en la cripta de la catedral.

Gracias a unos folletos que me habían entregado en la oficina de turismo de la estación ferroviaria de Tréveris, averigüé que a principios del siglo XI el monje bizantino Simeón, que devendría san Simón de Tréveris, se instaló en esa puerta viviendo como un asceta, hasta que murió 7 años más tarde.

Simeón, de origen bizantino, nació en Siracusa, en la isla de Sicilia. Realizó el peregrinaje al Santo Sepulcro de Jerusalén y allí se quedó durante 7 años ejerciendo de guía para los peregrinos. Tras ello, se unió a un anacoreta estilita a orillas del río Jordán y se quedó por unos años debajo de su columna como ayudante. A continuación, entró como monje en un monasterio de Belén durante 2 años, al cabo de los cuales caminó hasta el monasterio de Santa Catalina, en la península del Sinaí, donde fue ordenado diácono. Posteriormente, se trasladó a Europa siguiendo instrucciones de su abad, hasta que recaló en Tréveris. Al ser canonizado se añadió a la Porta Nigra un santuario en su honor.

Al pasar Napoleón por Tréveris ordenó destruir el santuario, más la iglesia anexa, y devolver a la Porta Nigra su forma original romana, sin ampliaciones cristianas.

Hoy Tréveris es la escala final de dos peregrinajes. Uno es el "Camino de San Matías" (Matthiasweg en idioma alemán), de unos 200 kilómetros de longitud, los que discurren desde la milenaria ciudad de Aquisgrán hasta Tréveris. Según la tradición cristiana, los restos del apóstol san Matías se sitúan en Tréveris.

El segundo peregrinaje lo constituye la "Via Coloniensis", de unos 240 kilómetros, los que distan de la ciudad de Colonia a Tréveris. Ambos senderos enlazan, desde Tréveris, con el Camino de Santiago atravesando la ciudad francesa de Le Puy en Velay, hasta arribar a Santiago de Compostela, en España.

Durante ese día deambulaba por la plaza del mercado y, acto seguido, regresaba a la Porta Nigra; entraba en la catedral de San Pedro y volvía a la Porta Nigra; visitaba la abadía benedictina de San Matías y de nuevo me presentaba ante la Porta Nigra, y lo mismo hacía tras cruzar el puente romano o luego de avistar el exterior de la casa donde nació el filósofo Karl Marx (a la que no quise entrar). Como si fuera un autómata siempre volvía a la Porta Nigra, pues su apariencia me atraía poderosamente, como un imán; el acariciarla me transmitía una sensación que me parecía entrañable, hasta mágica.

Había notado que los lugares considerados santos concentran una energía sutil que se transmite al peregrino sensible. Se conocen sitios donde se producen milagros y los enfermos recuperan la salud, o bien despejan la mente e inspiran sentimientos nobles. A veces se ubican en lo alto de montañas, en el interior de cuevas o en medio de un desierto, mientras que en otras ocasiones esa energía es dejada por una persona virtuosa que ha vivido en un determinado lugar largos años, o ha fallecido en él, y también debido al paso de los millones de seres que han peregrinado en actitud de recogimiento.

Ese día tuve la convicción de que la Porta Nigra era uno de esos lugares con tal poder.

Pensé pasar la noche junto a la Porta Nigra, dentro de mi saco de dormir. Pero pronto deseché la idea, pues me hallaba en un frío mes de febrero y lloviznaba, por lo que al final busqué un alojamiento en un hostal en el centro de la ciudad, donde dormí como un lirón, feliz por el día tan lleno de impresiones gratas que había recibido.

A la mañana siguiente, antes de proseguir mi viaje en tren hacia otros lugares sagrados de Alemania, pasé por la Porta Nigra para despedirme de ella acariciándola por última vez.

BOSNIA Y HERZEGOVINA

2. Tekke de Blagaj

El tekke Blagaj a orillas del río Buna

Llegué a la ciudad de Mostar con la intención de admirar un famoso puente otomano sobre el río Neretva que databa del siglo XVI. Fue destruido en los años 90 del siglo XX durante las guerras fratricidas de las partes que integraban el desaparecido país de Yugoslavia, pero a principios del siglo XXI había sido restaurado.

Era bello, me recreé cruzándolo varias veces. Me chocó ver en una esquina junto al puente un obús con la frase en inglés: "Do not forget" (no olvide), para recordar a la gente el cáncer social que habían padecido recientemente, llamado guerra, en la que tantos miles de personas inocentes perdieron sus vidas.

Haciendo caso a unos bosnios junto al puente, no me alojé en un hotel, sino que lo hice en una casa particular donde me ofrecieron una habitación tranquila y limpia, para así ayudar a la gente local necesitada a recuperarse de su maltrecha economía tras la tragedia bélica vivida. En esa casa, la hija de la dueña me propuso realizar una excursión a un lugar a unos 20 kilómetros de distancia, el cual, según ella, constituía el principal atractivo turístico de la zona. Se llamaba Blagaj.

A la mañana siguiente abordé un autobús hasta esa población y acto seguido caminé por un rato hasta descender al nacimiento del río Buna, un afluente del Neretva, donde advertí en una orilla un restaurante para turistas, y por la otra orilla seguí una senda que me condujo a un complejo llamado tekke Blagaj. Se trataba de un monasterio derviche que databa del siglo XVI.

Un derviche puede compararse a un monje cristiano que practica el ascetismo. Suelen ser adherentes del sufismo, antigua doctrina originaria del Asia Central que, tras el advenimiento del islam, se fundió con esta nueva religión. Generalizando, se puede afirmar que un sufí es un musulmán místico.

Cuando penetré en el territorio del tekke, que era al mismo tiempo madrasa –o escuela musulmana–, mezquita y mausoleo de santos sufíes, me quedé atónito: aquello era de una rara belleza, casi de cuento. El río Buna nacía por una cueva bajo un dramático acantilado. Arriba había más cuevas, y en los árboles colgantes se cobijaban diversas aves.

El tekke disponía de un patio y servían café. Pedí uno y me lo trajeron acompañado de un dulce que en Turquía se llama lokum.

Pronto hice amistad con un derviche muy joven que estaba preparando su ney –flauta de caña– para una ceremonia que tendría lugar esa noche. La música emitida por el ney tiene la propiedad de calmar el sistema nervioso y disminuir la fatiga.

Le compré un disco compacto con su música, que aún conservo y escucho de vez en cuando.

Tras un rato de conversación, le rogué ser aceptado en la ceremonia como observador. El derviche me hizo prometer que participaría en los rezos y efectuaría las postraciones musulmanas, al igual que ellos, los derviches. Y yo acepté, pues consideré que el islam también me incumbía, ya que todas las religiones son obra de la humanidad. No obstante, mis padres me bautizaron como católico y nunca dejé de serlo; por ello jamás me convertí al islam ni a ninguna otra religión. Yo quería aprender sobre todos los lugares sacros sin perder mi esencia, y para ello me introducía en ellos y hacía como sus adherentes, pero siempre actué como el somormujo, que se sumerge en las aguas para capturar un pez y tras ello remonta el vuelo con uno de ellos en el pico sin mojarse las plumas.

Entre las decenas y decenas de hermandades sufíes que existen, las más extendidas son la Qadiriya, la Naqshbandi, la Chishti, la Mevleví y la Bektashi.

La cofradía sufí Bektashi, la que es practicada en ese tekke de Blagaj, fue fundada en el siglo XIII por Haji Bektash Veli, un santo y humanista nacido en la ciudad de Nishapur, en la región de Jorasán (hoy Irán).

En cuanto al islam, se divide en tres ramas principales: el sunismo es abrumadoramente mayoritario en el mundo musulmán; el chiismo predomina en Irán, Irak, más Azerbaiyán. Y en tercer lugar está el jariyismo, que con su variante ibadismo es observado básicamente en Omán.

Cuando llegó la hora todos nos descalzamos y pasamos a una sala con alfombras sobre el suelo. Al lado se distinguían tumbas de maestros sufíes.

Entre rezo y rezo mi amigo derviche tocaba su ney. Hubo pausas y una de ellas la dedicaron a practicar el "zikr", una técnica para recordarse durante la vida de vigilia y nunca olvidar el propósito principal del hombre de indagar sobre el significado de la vida.

Casi todos los musulmanes portan una especie de rosario, que llaman tasbih, del cual mueven sus 99 cuentas, como los 99 nombres de Alá. Lo utilizan para rezar el zikr a la par que recitan un hadiz –o proverbio del profeta Mahoma–, o bien repitiendo constantemente el nombre de Alá. Yo no llevaba rosario, pero ideé una manera de recordarme a mí mismo, al menos una vez al día, y con este fin programé la alarma de mi reloj de pulsera para que sonara cada tarde a las 19.54 horas, con lo cual recordaría mi año de nacimiento: 1954, que asociaría a la inercia de mis antepasados del final de la Edad de Hielo de inquirir por el significado de la existencia.

Cuando acabó la ceremonia, sobre las 10 de la noche, dos de los participantes me condujeron en su coche a Mostar, pues cerraban el tekke y nadie se quedaba a pasar la noche en él.

Al día siguiente acudí de nuevo, y de nuevo ejecutaron la misma ceremonia acompañada por la música del ney.

Esa doble visita al tekke de Blagaj con las ceremonias derviches me satisfizo más que la visión del famoso puente de Mostar.

BULGARIA

3. Monasterio de Rila

Visité por primera vez Bulgaria en el año 1980. Tuve que unirme a un grupo de 50 turistas españoles a través de la agencia búlgara Balkantourist, pues viajar de manera individual estaba prohibido en la entonces llamada República Popular de Bulgaria. Junto al grupo siempre iba un guía local que hablaba español.

En el programa venía incluida una excursión al monasterio de Rila, el más sagrado del país, y hacia él nos dirigimos una buena mañana en autobús desde nuestro hotel en Sofía.

A la llegada, nuestro guía nos explicó que en el monasterio de Rila (Rilski Manastir en búlgaro) se había preservado la cultura búlgara durante la larguísima ocupación turca del país. Tras ello, Aleksandr, que así se llamaba el guía, nos dio dos horas de tiempo libre para tomar fotografías o comprar suvenires antes de regresar a nuestro hotel en Sofía.

Me encantó la situación del monasterio en medio de un frondoso valle con altas montañas y el río Rilski, más la arquitectura de las construcciones. Encontrándome en ese lugar experimenté una sensación como si se me ampliara el alma.

Según un letrero en inglés, nos hallábamos en el corazón del "Rila Monastery Nature Park". De la arquitectura del monasterio me atrajo la combinación de los colores blanco y negro de los pilares y arcos, así como los prodigiosos frescos e iconos de su interior, además de la venerada cruz de madera de un monje llamado Rafail. Muchos edificios habían sido reconstruidos tras un incendio que casi destruyó el monasterio del todo en el siglo XIX. La iglesia principal mostraba elementos neo-bizantinos, pero la torre era original, pues no sufrió en tal incendio.

Hablé con un monje muy mayor con largas barbas blancas, cuyo aspecto encontré entrañable, tanto por su bondad como por su sonrisa compasiva. Me contó que el monasterio de Rila es el alma de Bulgaria, y fue fundado en el siglo X por un ermitaño llamado Iván Rilski, cuya cueva –donde vivió y murió– se hallaba a unos 4 kilómetros siguiendo un sendero empinado. Me recomendó ir allí y, de paso, ver la tumba del santo, que es el patrón y protector de Bulgaria. Pero no fui porque el guía solo nos había dado 2 horas, y de haber subido a la cueva no habría podido volver a tiempo al autobús.

El monasterio de Rila pertenece al Patriarcado Búlgaro –o a la Iglesia ortodoxa búlgara– y constituye una de las 15 iglesias ortodoxas, junto a las de Constantinopla, Alejandría, Antioquía, Jerusalén, Rusia, Ucrania, Georgia, Rumanía, Chipre, Grecia y unas pocas más.

En el año 1054 se produjo el Gran Cisma, cuando la Iglesia católica, con sede en Roma, y la Iglesia ortodoxa, con sede en Constantinopla, se excomulgaron recíprocamente.

Cuando llegó la hora regresamos a Sofía en el autocar. Todos los 50 españoles y yo íbamos alborozados por haber realizado esa magnífica excursión a un lugar de belleza incomparable.

4. Monasterio de Bachkovo

Tuve la oportunidad de visitar Bulgaria por segunda vez ya en el siglo XXI, cuando había dejado de ser una "república popular" para ser simplemente la República de Bulgaria. Esta vez viajaba solo.

Los dos primeros días revisité con nostalgia los sitios de Sofía que ya había olvidado de mi primer viaje en el año 1980, tales como la iglesia Sveti Georgi –del siglo IV– y la iglesia de Boyana, además de la magnífica catedral dedicada al santo ruso Alejandro Nevski.

Recuerdo que una vez fuera de la iglesia de Boyana sentí frío, pero no físico, sino en mi alma. Algo especial tenía esa iglesia y sus maravillosos frescos, pues me hizo experimentar sentimientos tiernos en su interior, sentimientos que me abandonaron al salir de ella.

El tercer día abordé un tren a Plovdiv y de allí un autobús a un monasterio maravilloso, el segundo en importancia en Bulgaria tras el de Rila: Bachkovo, que tenía el aspecto de una fortaleza enclavada en medio de un paisaje montañoso de aspecto poderoso.

Antes de ascender a él observé multitud de kioscos vendiendo miel, yogures que te proporcionan larga vida, figuras de cerámica, restaurantes… había allí todo un batiburrillo de negocios, como en sitios sagrados similares de Europa, tales como Lourdes en Francia, Fátima en Portugal, Montserrat en España, etc.

Lo primero que hice al traspasar el portal del monasterio fue preguntar por el monje encargado de los visitantes y le rogué que me autorizara a pernoctar en ese sagrado lugar. El bondadoso monje me aceptó de inmediato y me facilitó una celda dominando el patio, junto a la trapeza o refectorio.

Pagué 5 levas (unos 2,5 euros) por pernoctar en una celda en el segundo piso y participé en todas las ceremonias junto a los monjes.

Los letreros explicativos estaban escritos, además de en búlgaro, también en ruso, alemán, francés e inglés. Por ellos supe que el monasterio fue fundado el año 1083 por dos hermanos georgianos. Funcionó como un seminario para enseñar misticismo georgiano. En el siglo XV fue destruido por los turcos, pero fue reconstruido en el siglo XVII.

El monasterio estaba lleno de visitantes de un día que asistían a las misas, compraban cirios y después comían en los restaurantes y se llevaban miel y yogures a sus hogares.

Además de su arquitectura, me dejaron admirado sus frescos, tanto exteriores como interiores. Uno, localizado en el patio, se llamaba Panorama y explicaba gráficamente la historia de Bachkovo.

Algunos de los iconos que allí se albergaban eran muy venerados. La mayoría de los peregrinos y visitantes acudían a ese monasterio para mostrarles respeto, en especial a uno que se consideraba milagroso y se llamaba Eleusa (la forma bizantina de representar a la Virgen María con el niño Jesús), que fue traído por viajeros georgianos en el siglo XIV.

En la trapeza había un monje vendiendo billetes. Compré uno y entré para contemplar otros frescos aún más delicados y bellos que habían escapado a la destrucción turca durante las guerras contra los otomanos.

La atmósfera del sitio, la belleza, la bondad de los monjes, la llamada a misa mediante campanas y los cantos durante los servicios religiosos contribuyeron a que entrara en un estado anímico cercano al éxtasis durante el día y la noche que allí permanecí. Me parecía que con cada sitio sagrado que visitaba iba enriqueciéndome al acumular baraka, lo cual me causaba la sensación de que en mi interior se estaba formando un centro de gravedad cada vez con más peso.

El día siguiente proseguí viaje en autobús y tren en dirección a Oriente.

ESPAÑA

5. El Camino de Santiago

La Catedral de Santiago: punto final del Camino

España es un país que alberga monasterios asombrosos y catedrales deslumbrantes que por su valor artístico constituyen patrimonios mundiales en la organización UNESCO, además de ofrecer una vía de peregrinaje que cada año atrae a varios centenares de miles de caminantes provenientes de numerosos países del mundo con el objetivo de alcanzar Santiago de Compostela, la tercera ciudad más sagrada de la cristiandad tras Jerusalén y Roma.

Según la tradición, el apóstol Santiago fue degollado en Jerusalén y su cuerpo cortado en diversas partes y arrojadas fuera de la muralla de la ciudad. Sus discípulos recogieron los restos y los introdujeron en una barca que cruzó el mar Mediterráneo más el estrecho de Gibraltar, y prosiguió bordeando el océano Atlántico hasta escalar en Galicia. Cerca de 8 siglos más tarde se encontró su sepulcro y la noticia se difundió por todo el mundo cristiano. Un monje benedictino francés, llamado Aymeric Picaud, a principios del siglo XII viajó a caballo a Galicia para visitar ese sepulcro en Santiago de Compostela. Al regresar a Francia escribió la primera "guía de viajes" del mundo, llamada Liber Peregrinationis, con detalles de su azaroso viaje. Poco tiempo después legiones de peregrinos comenzaron a viajar a España para venerar esa tumba.

Tardé en reconocer que el Camino de Santiago es una experiencia única, entrañable, que toda persona interesada en los lugares mágicos y de poder debería realizar. De hecho, acometí ese peregrinaje a punto de cumplir los 50 años de edad, cuando ya había visitado decenas de monasterios asombrosos españoles, desde el esplendoroso de San Lorenzo de El Escorial al diminuto de El Palancar, desde el de Santa María de la Rábida al de Poblet, pasando por el de Guadalupe, el de Yuste y los de Suso y Yuso.

Nunca olvidaré al monje que en el monasterio de Santa María de El Paular me mostró la cincuentena de pinturas de Vicente Carducho, o los cantos gregorianos de madrugada del monasterio de Santa María do Sobrado dos Monxes interpretados por monjes coreanos, o la cena caliente que me prepararon los monjes cistercienses cuando llegué completamente mojado debido a la lluvia al monasterio de Zenarruza, o la expresión de esfinge del monje con capucha de la cartuja de Miraflores cuando cruzó la estación de autobuses de Burgos. Todos esos momentos fuera de lo común me aportaron una sensación de embeleso y una fe infinita en el destino prometedor del ser humano.

El primer Camino de Santiago que realicé fue el denominado "Francés", iniciándolo en los montes Pirineos. Posteriormente efectuaría el del Norte, el Mozárabe, el Primitivo, el Portugués, el Inglés y la Vía de la Plata.

El Camino Francés tiene cuatro puntos de origen:

- La Vía Turonensis pasa por Tours y se inicia en París.
- La Vía Lemovicensis pasa por Limoges y se inicia se Vézelay.
- La Vía Podiensis pasa por Conques y se inicia en Le-Puy-en-Velay.
- La Vía Tolosana pasa por Toulouse y se inicia en Arles.

Los tres primeros caminos se unen en el atractivo pueblecito amurallado de Saint-Jean-Pied-de-Port antes de cruzar los Pirineos para adentrarse en la península Ibérica hasta el primer pueblo español, llamado Roncesvalles. El cuarto camino atraviesa esas montañas en Somport. Los cuatro caminos franceses confluyen en el pueblo de Puente la Reina, no lejos de Pamplona.

Ese primer Camino lo acometí como un viajero y lo concluí como un peregrino, llorando de emoción casi todos los días.

Partí una madrugada de Saint-Jean-Pied-de-Port y no paré hasta Roncesvalles, caminando unos 25 kilómetros. Me sentía feliz a cada paso que daba por el mero hecho de estar vivo, lo que consideraba un milagro. El Camino me proporcionó la atmósfera necesaria para reflexionar sobre la existencia. Tuve tiempo de considerar la marcha del sol, de la luna y de las estrellas, de admirar el cielo y las montañas, de maravillarme del canto de los pájaros y del murmullo del viento, y de despertar fuerzas dormidas de donde nace la fortaleza.

El auténtico peregrino efectúa el Camino a pie, pero algunos lo emprenden en bicicleta. Se suele caminar una media de 30 kilómetros al día, y para dormir por la ruta se hallan monasterios, iglesias, antiguos castillos regentados por voluntarios italianos de la Orden de Malta y albergues de peregrinos. Muchos acometen el Camino como un sacrificio; algunos, por haber hecho un voto; otros, como experiencia mística y los hay que lo realizan simplemente para practicar senderismo y visitar catedrales y templos románicos en las regiones de Aragón, Navarra, La Rioja, Castilla y León, más Galicia.

El tercer día de caminata me detuve en un lugar íntimo: el precioso templo de Eunate, antiguo cementerio de peregrinos, erigido en los tiempos cuando realizar el Camino suponía una empresa peligrosa al estar infestado de bandoleros y bestias. Antes de cruzar el umbral respeté las reglas escritas en la puerta: "No es baladí entrar en un templo. Primero deja tu mochila, quítate los zapatos, da la vuelta externamente tres veces y pide permiso a las esfinges de la puerta principal para entrar. Entonces, colócate en el centro y oirás: Fue erigido por el silencio".

Un día después llegué a la histórica Estella. Era domingo y entré en una iglesia llamada San Pedro de la Rúa. En el interior percibí todo tan armonioso, el sonido de los órganos, los dulces cantos gregorianos, las delicadas voces de los miembros del coro, la actitud circunspecta de los creyentes que asistían a la misa, que me arrodillé y lloré como un niño pequeño.

Santo Domingo de la Calzada fue otro lugar mágico del Camino donde me detuve. La ciudad fue fundada por santo Domingo, quien construyó calzadas (caminos) y puentes sobre los ríos para ayudar a los peregrinos. El albergue está ubicado en la misma casa donde vivía el santo, cerca de la catedral donde se preserva su cadáver. Los peregrinos son despertados bien temprano por los cantos de los gallos que allí moran en honor al santo.

La mayor parte del Camino transcurre por agradables senderos con árboles altos y suaves hojas en el suelo. Salvo el cruce de los Pirineos y la llegada al puerto gallego de O Cebreiro, el Camino es llano, siempre señalizado con flechas amarillas pintadas en los árboles, en las paredes de algunas casas o sobre piedras y mojones.

Conocí lugares encantadores como el palacio episcopal de Antonio Gaudí en Astorga; la fortaleza templaria de Ponferrada; la magnífica iglesia de San Martín de Frómista, el ejemplo más impresionante del románico en España; la increíblemente hermosa catedral de León, cuyos 1800 metros cuadrados de vidrieras están considerados una de las más majestuosas obras de este tipo de arte en el mundo; los sorprendentes frescos de la antigua colegiata de San Isidoro, denominada la Capilla Sixtina española; los monasterios de Leyre y Sarria, donde los monjes te cuentan fantásticas leyendas relacionadas con el Camino de Santiago que están más allá de la imaginación.

Otro aspecto afable del Camino lo constituyen los peregrinos que uno se va encontrando a lo largo de la ruta. La camaradería y la solidaridad que se crean son admirables. Conocí franceses, italianos, alemanes, ingleses, israelíes, estadounidenses y muchos brasileños.

Hice amistad con un neerlandés de avanzada edad que me dijo que en el pasado trabajó en una empresa naviera en Rotterdam, donde alcanzó un puesto importante. Un día, cansado del estrés y competitividad de su vida diaria, hizo el Camino a pie desde Ámsterdam a Santiago y quedó tan fascinado por la experiencia que decidió quedarse en el Camino para siempre, ayudando a otros peregrinos como hospitalero o guardián de los albergues. Tenía como compañera a una colombiana, también peregrina, a la que conoció en el Camino.

En Logroño conocí a un grupo de belgas guiados por un guardián armado. Eran presos haciendo el Camino. Al observar esta antigua institución establecida hace mucho tiempo por el Gobierno belga, al llegar a Santiago serían redimidos de sus penas de prisión.

Una noche coincidí con una chica en un refugio de Castilla. Me explicó que su madre enfermó y la llevó al hospital, donde los médicos dijeron que tenía cáncer y que pronto moriría. Ella, siendo atea, oró por primera vez en su vida y le pidió ayuda a Dios. La semana siguiente llevó a su madre a otro hospital y los médicos confirmaron que no tenía cáncer. ¿Fue un error del primer médico? ¿Fue un milagro? La muchacha decidió hacer el Camino como agradecimiento.

Llegué emocionado a Santiago y, como todos los peregrinos, abracé con entusiasmo el busto del apóstol Santiago detrás del altar de la catedral. Más tarde asistí a la Misa del Peregrino, en el transcurso de la cual se citaron nuestros nombres, y vi la oscilación del botafumeiro.

Tras Santiago, algunos peregrinos siguieron caminando 3 días más hasta Finisterre, en el océano Atlántico, para quemar las ropas simbolizando la muerte del hombre viejo. Yo también lo hice.

FRANCIA

6. Monte Saint-Michel

Francia es un país muy prolífico en lugares sagrados. De los que he podido visitar, uno de los que más me ha impresionado ha sido la abadía del Monte Saint-Michel, asentada sobre una isla a la que se puede acceder a pie cuando la marea está baja. Ya en la antigüedad las tribus celtas oficiaban en ese monte sus cultos druídicos, como los sacrificios humanos, que por lo general realizaban con prisioneros de guerra a los que quemaban vivos dentro de un gran muñeco de mimbre.

Pasé un día entero en ese fantástico lugar de peregrinaje. Visto desde la lejanía, ese monte parecía flotar en medio del mar. Está coronado por una estatua representando al arcángel Miguel matando al dragón del Apocalipsis.

Visité la abadía y entré en una iglesia pequeña que se encontraba abierta (Église Saint-Pierre).

Dicen que la visión del Monte Saint-Michel durante la noche es inolvidable y te hechiza, pero yo no me quedé a dormir allí, sino que a media tarde viajé a la vecina ciudad de Saint-Malo, porque al día siguiente de madrugada debía tomar un barco para visitar las cinco islas principales del canal de la Mancha (Jersey, Guernsey, Alderney, Sark y Herm).

Dos perspectivas del Monte Saint-Michel (páginas 27 y 28)

7. Santuario de Nuestra Señora de Lourdes

Siempre había deseado visitar Lourdes, el lugar más sagrado de Francia, ya que allí se encuentra un santuario donde se han producido numerosos milagros, por lo que anualmente atrae a varios millones de peregrinos con la esperanza de curarse de sus dolencias; así que cuando supe que Juan Pablo II acudiría a él aproveché para viajar allí.

Quería ver, aunque fuera de lejos, al papa Juan Pablo II por lo que había oído y leído acerca de él y de su carisma. A veces, más sagrados que los lugares son las propias personas, y para mí Juan Pablo II fue un ser extraordinario, por eso me alegré cuando lo canonizaron en el año 2014.

Sabía que a mediados del siglo XIX nació en Lourdes Maria-Bernada (Bernadette), a quien cuando tenía 14 años se le apareció la Virgen en 18 ocasiones en el interior de una gruta. Ingresó en un convento de la región de Borgoña-Franco Condado y murió en él muy joven, cuando tenía solamente 35 años. Su cuerpo se preserva incorrupto. Medio siglo tras su muerte sería declarada santa.

La atmósfera en Lourdes me pareció en principio muy comercial y me decepcionó al ver multitud de tiendas ofreciendo suvenires, estatuas de la niña Bernadette, tiendas de licores y, en general, abalorios baratos fabricados en China. Sin embargo, al entrar en el santuario y notar las caras llenas de fe y esperanza de las gentes me hizo comprender que había valido la pena llegar a ese lugar.

Vi al papa a una distancia de unos 50 metros mientras estaba oficiando la misa; era imposible acercarse más a él por la abrumadora cantidad de peregrinos que le rodeaban. Pero me di por satisfecho.

Esa visita doble que representó el conocer Lourdes y ver al papa me dejó sumamente satisfecho. Cuando al oscurecer abandonaba ese santuario reflexionaba sobre el hecho de que tales apariciones marianas se suelen producir ante niños debido a que son puros, humildes, sensitivos, y en ellos aún actúa el sexto sentido que les hace comprender las cosas por intuición más que por razonamiento, pero una educación aberrante les pulveriza ese sexto sentido y les hace desarrollar vicios indignos.

Tras unas dos horas de viaje en autobús con un transbordo a mitad de camino, alcancé otro lugar mágico donde pasaría esa noche: las ruinas del castillo cátaro de Montségur.

8. Castillo de Montségur

Cuando llegué a Montségur ya era de noche. Caminé en la oscuridad y enfilé la senda que me llevaría a la cima de la montaña del Pog, de unos 1200 metros de altura, lo que me tomó algo más de una hora, hasta arribar a las ruinas del castillo de Montségur, famoso por haber sido refugio de cátaros. La Iglesia cristiana, al considerar herejes las doctrinas que predicaban los cátaros y comprobar el poder que iban adquiriendo en el sur de Francia, emprendió una cruzada contra ellos. A mediados del siglo XIII la ciudadela de Montségur fue asediada y, al rendirse sus defensores, sus líderes y unos 200 de sus seguidores cátaros fueron quemados en una hoguera. Tras ello, el catarismo fue prácticamente erradicado. Se dice que algunos cátaros escaparon de la hoguera y se llevaron con ellos el Santo Grial al monasterio aragonés de San Juan de la Peña, y posteriormente esta reliquia sagrada sería depositada en la catedral de Valencia, en España.

Los cátaros eran ascetas de creencias gnósticas y no se casaban para no tener descendencia, pues consideraban el mundo como un producto del mal. Sus doctrinas estaban inspiradas en las de los Bogomiles, un movimiento de Bulgaria y países vecinos de la península de los Balcanes, que introducían en su liturgia principios del cristianismo primitivo.

Otra secta relacionada con los cátaros y los bogomiles fue la de los "jlistís", o "khlysty", nombre derivado de la palabra Cristo en ruso. Fue un grupo que se separó de la secta cristiana ortodoxa de los Viejos Creyentes en el siglo XVII en Rusia. Durante sus ceremonias se azotaban, danzaban en círculo cantando y rezando a la vez hasta entrar en trance, tras lo cual se entregaban a una desenfrenada orgía sexual mezclándose entre todos. Una vez acabado el rito, se arrepentían amargamente de él. Afirmaban que para alcanzar la unión con Dios primero se tiene que pecar para después arrepentirse y de este modo ser perdonado, purificarse y alcanzar la gracia. Se especula sin ningún fundamento que Gregori Rasputín se unió a esta secta, pero por un libro que escribió su hija sobre él se desmiente rotundamente esta falsedad; aunque, como estudioso sobre el cristianismo en todas sus derivaciones, Rasputín se interesó por conocer más sobre los jlistís de manera teórica. Gala, la esposa rusa del pintor español Salvador Dalí, fue probablemente una aficionada a las prácticas de los jlistís.

Con todos estos datos sobre la historia del catarismo en mente, ascendí la montaña ilusionado por pasar la noche en un sitio tan inusual. No había ningún guardián, por lo que tras caminar por entre las piedras por un rato acabé desplegando mi saco de dormir sobre el suelo y me acosté contemplando el cielo estrellado. No había techo, pero no llovió. Fue una experiencia bizarra.

GRECIA

9. Monte Athos

El monasterio Simonos Petra

En los años 80 del siglo XX peregriné a pie durante diez días por diez de los veinte monasterios del Monte Athos. El primero donde me alojé y que sería el más espectacular fue el de Simonos Petra, aunque guardo un recuerdo especial de mi estancia en el monasterio de Dionisio, donde hice amistad con los monjes y participé en las faenas de la cocina a la hora de preparar la cena.

Otro de los monasterios que también me impresionó fue el ruso, llamado San Pantaleón.

Cuando veía pasear a los monjes siempre iban con un rosario en la mano, y para recordar la razón por la que están en los monasterios pronunciaban para sí una frase como: "Señor, ten piedad de mi alma".

En todos los monasterios asistía a las misas y entraba en sus museos, donde se guardaban las reliquias y objetos más preciosos, todos de un valor incalculable. También albergaban librerías conteniendo Biblias de un tamaño que superaba el metro de altura, regalos de zares y emperadores, que habían sido escritas a mano por artistas calígrafos utilizando letras de oro. A veces leía páginas de los libros de la filokalia para aprender sobre la fe ortodoxa.

La lección más didáctica que aprendí fue precisamente durante la primera noche, en el monasterio de Simonos Petra: el Protos, o dirigente del Monte Athos, nos reunió en una sala a todos los peregrinos de ese día, lo que incluía varios griegos, más un inglés, un portugués y yo, y nos sirvieron ouzo, más unos dulces baklava. Tras una charla muy sugestiva, el Protos nos preguntó sobre lo que considerábamos ser el objetivo primordial de nuestra existencia, y todos dieron su opinión. Algunos afirmaron que para ellos era hacer el bien, para otros era ayudar a sus padres, y aún otros indicaron que era predicar la paz. El Protos asentía a todas las contestaciones, y al final sentenció que el objetivo primordial de la vida y del ser humano era vencer a la muerte.

Esa inesperada lección fue como un shock para mí, y abrió una nueva dimensión al significado que yo tenía de la existencia. Ese día aprendí que hay substancias dentro de nuestro ser que, si son sutilizadas por un comportamiento virtuoso, sobreviven cuando nuestro cuerpo físico perece.

Durante una de mis charlas en uno de los monasterios donde pernocté, le pregunté al monje encargado de recibir peregrinos, al que se conoce como archondaris:

—Padre, ¿cuántos años por término medio permanece un monje en el Monte Athos antes de regresar a la vida normal en el exterior?

El archondaris se quedó extrañado ante mi pregunta, y hasta frunció ligeramente el ceño. Pero enseguida sonrió de nuevo y me contestó con dulzura:

—¡Oh no! De aquí ya no salimos nunca. Aquí somos tan felices que no tenemos ningún deseo de regresar a la vida exterior, con toda su problemática de violencia, falsedad e imperfección.

Esta respuesta la desaprobé, aunque no lo expresé. Me pareció que el valor de permanecer un tiempo en un monasterio era para aprender acerca del propósito de la existencia y nuestra misión en ella para vivir correctamente, como si se estuviera en una universidad, pero una vez aprendida la lección había que salir al exterior, a la verdadera vida. Quedarse para siempre en un monasterio lo encontraba una cobardía, salvo que se trate del propio abad, quien en su magnanimidad se sacrifica en bien del aprendizaje de los monjes.

El undécimo día, cuando salí del Monte Athos, sentí un gran vacío y mi corazón se afligió.

10. Monasterios de Meteora

El monasterio de la Santísima Trinidad en Meteora

Tras el Monte Athos viajé a la población de Kalambaka, vecina al complejo de monasterios de Meteora, construidos en la cima de altas rocas. Llegué finalizando la luz solar; caminé unas tres horas hasta que en la oscuridad pude distinguir el primer monasterio, llamado de la Santísima Trinidad. Ascendí los escalones y piqué en la puerta, pero no me abrieron, así que me quedé a dormir sobre los peldaños.

Al amanecer me abrió la puerta un monje ya mayor, y entré, siendo invitado a café y unos dulces que llamaban baklava. Fue entonces que aprecié el inolvidable panorama que ofrecía el lugar. Aquello era de verdad maravilloso, tan fantástico que parecía irreal. Me sentía alborozado, exaltado, y me estremecí hasta el límite de los extremos.

Los monjes me contaron historias portentosas sobre aquellos monasterios. En el pasado, antes de que se construyeran los escalones, los monjes eran izados a ellos mediante poleas y canastos, y cuando los turcos invadieron Grecia algunos monjes podían levitar y alcanzar de esa manera los cenobios.

Visité 4 monasterios de los 6 que había por los alrededores. El interior de todos ellos estaba preñado de coloridos frescos, lámparas y manuscritos de gran valor artístico.

Un monje me contó que antiguamente había 24 monasterios activos, todos prohibidos a las mujeres, pero en la actualidad solo unos pocos estaban habitados, uno de ellos por monjas, y ya se permite la entrada a las mujeres.

A media tarde viaje hacia Atenas, adonde llegué de noche.

Monasterio de Stefanos en Meteora

11. Monasterio de San Juan el Teólogo

En un viaje posterior entré en la isla de Samos, en Grecia, mediante un barco desde la ciudad turca de Kusadasi. Tras visitar los lugares históricos durante un par de días, abordé un barco hasta una isla vecina llamada Patmos, en el archipiélago del Dodecaneso.

Desde el puerto subí por una colina durante unos 30 minutos, hasta que alcancé el monasterio de San Juan el Teólogo, fundado en el siglo XI por Christodoulos, un monje del Asia Menor.

El monasterio parecía una fortaleza. En su interior se localizaba la Gruta del Apocalipsis.

A pesar de ser muy temprano, los portones estaban abiertos. Dentro estaban celebrando su fundación por el monje Christodoulos, con vinos y bollos de nata, así que aproveché para servirme al declararme peregrino, y pude desayunar.

Había una tienda en el monasterio donde vendían el Libro de la Revelación y postales de los sitios más sagrados, así como pequeños iconos de madera.

Entré en la Gruta del Apocalipsis, donde san Juan el Teólogo, o de Patmos, experimentó sus visiones y las dictó a su discípulo Prócoro. A veces, a Juan el Teólogo se le identifica con el apóstol Juan, el hermano de Santiago el Mayor, hijo de Zebedeo, y su madre podría ser Salomé.

El presenciar esta gruta siendo sabedor de su importancia y trascendencia bíblica, me emocionó, me sentí un privilegiado. Imaginaba en ella a san Juan teniendo sus revelaciones, lo cual me hacía sentir cómplice de ese hecho tan trascendental.

No me permitieron alojarme en el monasterio, ni siquiera tumbado sobre mi saco de dormir en el interior de la Gruta del Apocalipsis, como le rogué al archimandrita, pues al ser ese un día especial todas las celdas estaban ocupadas esa noche con huéspedes venidos desde otras islas, incluso desde Atenas, y tenían preferencia sobre los peregrinos extranjeros como yo.

Cuando comprobé que ya había visitado el monasterio por todas partes, por delante y por detrás, por dentro y por fuera, por arriba y por abajo, descendí al puerto de Skala, y a la mañana siguiente abordé un barco hacia El Pireo.

12. Monasterio del Profeta Elías

Otro de los monasterios griegos que me impartió una lección sobre la vida fue el del Profeta Elías en la encantadora isla de Santorini, que los monjes de allí conocían por el antiguo nombre de Thera.

No es un monasterio muy antiguo, pues data del siglo XVIII, ni tampoco es bello exteriormente; su arquitectura es ordinaria, parecida a una fábrica de ladrillos, y junto a él se halla un enorme radar del Ejército griego, por lo que no llama en absoluto la atención de los miles de turistas que visitan a diario Santorini.

Subí a lo alto de una colina culminada por la antena militar y piqué a la puerta del monasterio para visitarlo interiormente. Me atendió un gentil monje que me mostró su interior con las reliquias que allí se custodiaban, entre ellas huesos de santos, sangre de los bebés asesinados en tiempos de Herodes, la mitra de un patriarca, parte del bastón que sostenía Jesucristo, más el icono milagroso que representaba al profeta Elías.

Me confesó que no esperaba mi visita, pues ese monasterio solo es frecuentado por la gente local del vecino pueblo a la hora de las misas, pero no por los extranjeros.

Desde ese monasterio se divisaba toda la isla, la vista era sorprendente. Mostrándole unos cruceros que se avistaban en el mar, le pregunté al monje por qué a ninguno de los turistas que escalan a diario en Santorini se le ocurre visitarlo, dedicándose, en cambio, a comprar recuerdos, comer y realizar excursiones montados en burros. Y el monje, con tono benevolente, me contestó:

—En sus viajes ellos siguen al becerro de oro.

No era una frase de reproche a los turistas, sino un hecho evidente que él no juzgaba; solo se limitó a señalármelo. Interpreté su comentario como una lección que me había dado para que en vez de buscar bienes materiales en mis viajes prefiriera buscar sabiduría.

Durante el resto de mi estancia en Santorini no dejé de pensar en ese monje, quien en nuestra despedida me regaló un libro con la historia del monasterio y no me lo quiso cobrar, a pesar de que yo insistí.

ITALIA

13. Ciudad del Vaticano

Basílica de San Pedro, Ciudad del Vaticano (de noche)

He visitado el Vaticano tres veces y en cada ocasión encuentro algo nuevo que se me había pasado desapercibido, lo que hace que admire más esa sagrada basílica. El Vaticano es uno de los lugares más maravillosos del mundo, uno de los que producen más energía al penetrar en él.

Recuerdo muy vívidamente mi segunda estancia de varios días el año 2007 para participar como peregrino en la beatificación de 498 mártires españoles que entre 1934 y 1939 habían sido vilmente asesinados (junto a cerca de 10.000 más, religiosos o simplemente cristianos) antes y durante la guerra civil española.

La tercera vez, en el año 2013, fue una visita lúdica, pues pasé la Nochevieja en la piazza San Pietro, en el transcurso de la cual apareció el papa Francisco, lo tuve a un metro de distancia, y él se mezcló con las gentes, conversando con todos nosotros de manera sencilla; fue un gesto sugestivo e inesperado, que hizo que todos los allí presentes apreciáramos todavía más a ese papa argentino, el sucesor del apóstol san Pedro.

En las tres ocasiones he aguantado en la calle la inevitable cola para comprar la entrada a los museos de la basílica de San Pedro, y una vez en el interior siempre me ha subyugado tanta perfección artística. Recuerdo sobre todo la tercera vez, cuando me fijé en varios cuadros donados por el pintor español Salvador Dalí al Vaticano, destacando entre ellos el estudio para "Cristo hipercúbico", que me dejó patidifuso.

La construcción del Vaticano se inspiró en las medidas del Templo de Salomón; incluso las bellísimas columnas salomónicas de Bernini (el baldaquino) de su interior han sido inspiradas en tal templo. Mientras que exteriormente, la forma de la piazza di San Pietro se asemeja a unos brazos que te rodean, invitándote a entrar en la basílica. Del interior, mi obra favorita es la Piedad, de Miguel Ángel. No he visto en mi vida durante todos mis viajes una obra de arte tan perfecta, tan tierna y tan bella como esa escultura de mármol de Carrara mostrando a la Virgen abrazando a su hijo tras su crucifixión. El Vaticano es único.

La Piedad de Miguel Ángel

14. Abadía de Montecassino

Los jardines de la abadía de Montecassino

Llegué a Bari en un barco proveniente del puerto griego de Patras, y en mi viaje hacia el norte de Italia recalé un día en San Giovanni Rotondo para ver el cuerpo incorrupto del padre Pío. Tras ello todavía me dio tiempo a continuar ese mismo día hasta la ciudad de Cassino, donde pasé la noche. Me desperté de madrugada y enseguida salí de mi hotel, tal era mi impaciencia por visitar la abadía de Montecassino, que es célebre porque san Benito de Nursia estableció allí su monasterio, la fuente de la orden benedictina, en el año 529. Fue en él que escribió su famosa Regla que serviría de práctica monástica en el mundo cristiano occidental.

Nadie que esté interesado por los lugares sagrados puede obviar Montecassino, ya que ha sido el primer monasterio fundado en Europa. El saber este hecho fue el motivo primordial de mi visita, pues me sentí en la obligación de conocerlo.

Serían las 6 de la mañana cuando pregunté a los locales por la ubicación de la abadía y me señalaron con el dedo una colina: allí en lo alto estaba. Como el primer autobús que te llevaba a la abadía salía a las 11 de la mañana y no quería gastarme el dinero en un taxi, resolví caminar hacia ella como un peregrino. Cada media hora o así hacía un alto para apreciar el panorama. Por el camino vi cementerios, muchos cementerios, con tumbas de soldados de distintas nacionalidades, y es que allí se produjo la batalla de Montecassino en el año 1944, entre los alemanes y los aliados. Al suponer que los alemanes se habían refugiado en el monasterio, los aviones de las fuerzas aliadas lo bombardearon hasta arrasarlo, muriendo mucha gente inocente en su interior. Al finalizar la guerra sería reconstruido.

Al cabo de unas dos horas alcancé el monasterio. Todavía estaba cerrado al público, pero un portero de origen africano me dejó esperar en los jardines.

Cuando llegó el vendedor de los billetes le compré uno; fui el primer visitante del día. En la entrada estaba escrito: Benedicti Numine Sancta.

Visité la iglesia, el museo con sus manuscritos antiguos, pinturas y estatuas. También me sedujeron las vistas de los alrededores desde los ventanales. Al cabo de tres horas de visita me sentí satisfecho. Cuando me dispuse a regresar a pie a Cassino, un monje me recordó de la visita, paró su coche y me invitó a llevarme a la ciudad.

En otros viajes a Italia peregriné a Assisi para rendir respeto a san Francisco de Asís, y también efectué el peregrinaje a la basílica de la Santa Casa, en Loreto. Pero de entre todas mis visitas sacras en el interior de Italia la que más me llegó al alma fue la que realicé a la Ciudad del Vaticano.

MACEDONIA DEL NORTE

15. Monasterio de San Clemente y San Pantaleón

Me hallaba siguiendo en autobuses la antigua vía romana llamada Ruta Egnatia, desde Bizancio (hoy Estambul) a Durres, en Albania. Una vez cruzado el mar Adriático, los romanos proseguían desde Brindisi a Roma a través de la Vía Apia.

Al pasar por la ciudad de Ocrida, u Ohrid, a los pies del lago del mismo nombre, resolví quedarme un día entero para explorar los lugares sagrados de los alrededores, entre ellos los monasterios bizantinos.

El lago Ohrid es compartido por los países de Macedonia del Norte y Albania y está considerado uno de los más antiguos del mundo junto al Titicaca (entre Bolivia y Perú) y el Baikal (en Rusia).

Como llegué a Ohrid a media tarde tras haber partido de buena mañana desde Tesalónica con una escala en Édessa, poco vi ese día de la ciudad, salvo una bella estatua dedicada a los hermanos y santos

Cirilo y Metodio, quienes, basados en el griego, crearon el alfabeto cirílico, que hoy es utilizado por alrededor de una docena de países, entre ellos Macedonia del Norte, Bulgaria, Bosnia y Herzegovina, Serbia, Ucrania, Bielorrusia, Rusia, Mongolia, etc.

Una familia me ofreció alojamiento en su casa a un precio moderado y acepté. Por la mañana me dirigí hacia la colina de Plaosnik, el lugar más importante e histórico de la zona. Allí en lo alto se ubicaba una fortaleza y el principal atractivo: el monasterio de San Pantaleón de Ocrida (o monasterio de San Clemente y San Pantaleón), que fue fundado por san Clemente a finales del siglo IX, y en cuya escuela literaria se escribieron por primera vez textos de una lengua eslava utilizando el alfabeto cirílico, pues san Clemente fue un discípulo de san Cirilo y san Metodio.

Muchos historiadores consideran esa escuela literaria la primera universidad cristiana en Europa, anterior a las de Bolonia, París, Oxford o Salamanca. Tan importante devino ese monasterio y la escuela de Ohrid que se convirtió en la capital del Primer Imperio Búlgaro y sede de su patriarcado.

La fortaleza no me impresionó particularmente, y al cabo de una media hora de visita me aburrí en ella. Fue cuando me dirigí al monasterio de San Pantaleón y allí me quedé sumamente admirado, no tanto por la bella arquitectura del cenobio, sino por su situación dominando el lago Ohrid. Monasterios con vistas tan espectaculares como esa solo las había contemplado en el Monte Athos, en Grecia.

En el siglo XV los otomanos convirtieron ese monasterio en una mezquita. A lo largo de los siglos el monasterio recuperó su condición cristiana, pero aún sufrió otros siniestros hasta adquirir su forma actual.

Al llegar, aún estaba cerrado. Mientras esperaba a que lo abrieran me recreé ante la bella vista del lago. Había ruinas y mosaicos por doquier y andamios que denotaban que estaban restaurando la magnificencia original del lugar. Pronto aparecieron un monje, un monaguillo y una chica joven que era la vendedora de suvenires. Aunque todavía no era la hora prevista en el horario marcado en una nota del exterior, me dejaron entrar y pude así admirar los mosaicos, frescos, más los diversos iconos y la tumba de san Clemente, cuya cripta había excavado con sus propias manos. Compré un cirio y la chica, tras preguntarme el nombre, me regaló una postal de san Jorge.

Ese monasterio constituye hoy un importante lugar de peregrinaje en los períodos de Semana Santa y Navidades, y san Clemente devino el patrón de Macedonia del Norte.

Durante mi descenso al lago no dejé de visitar las iglesias de Ohrid que encontré a mi paso, siendo la más notable la de Santa Sofía, cuyos frescos interiores me llenaron de gozo. Al entrar la tarde proseguí mi viaje a lo largo de la Vía Egnatia.

Tumba de San Clemente en la Iglesia de San Clemente y Pantaleón

NORUEGA

16. El Camino de San Olav

Catedral de Trondheim

Cuando supe que existía un peregrinaje muy famoso en Noruega que culminaba en la ciudad de Trondheim, determiné realizarlo, aunque fuera una sola etapa, para averiguar más sobre él.

El camino se llama de San Olav, aunque también se conoce como Camino de Nidaros, como el antiguo nombre de la ciudad de Trondheim.

Olav Haraldsson, u Olaf II el Santo, fue un rey de Noruega durante los primeros años del siglo XI. En sus años mozos se unió a expediciones vikingas de pillaje y saqueo por el oeste de Europa. Se convirtió al cristianismo en la región francesa de Normandía. Cuando se hallaba en peregrinaje hacia Jerusalén tuvo una visión y resolvió interrumpirlo; se dirigió entonces a Noruega para ocupar el trono y estableció la "Ley de Cristo" en su reino, ordenando la construcción de iglesias por todo el país, erradicando la antigua religión nórdica pagana. Tras una guerra contra los daneses, el rey Olav se exilió en Rusia, pero años más tarde regresó a Noruega y murió allí en un combate. Fue cuando su cadáver comenzó a producir milagros a la gente que se acercaba a él. Un ciego recuperó la visión al frotarse los ojos con la sangre de san Olav. Llevaron su cuerpo incorrupto a Nidaros y posteriormente se erigiría una catedral para albergar su tumba. Y comenzaron los peregrinajes para venerarle desde diferentes países, como Dinamarca y Suecia. Hoy san Olav es el patrón de Noruega.

Tras la Reforma del protestantismo en el siglo XVI y las 95 tesis del disidente Martín Lutero para retornar a una especie de cristianismo primitivo, el peregrinaje de San Olav dejó de practicarse, pues los países escandinavos se adhirieron a las tesis de esta escisión cristiana que no veía con buenos ojos la devoción a los santos y prohibieron las peregrinaciones. Sin embargo, los últimos años del siglo XX vieron el renacimiento de este peregrinaje, aunque no es tan popular como el Camino de Santiago.

El protestantismo se ha dividido en diversas sectas, siendo los seguidores más numerosos los luteranos, calvinistas, baptistas, adventistas, pentecostalistas, evangelistas, presbiterianos, metodistas, anglicanos... y existen muchos más de sectas de menor relieve.

Hoy también existe un Camino de San Olav en España, el que conduce desde la ciudad de Burgos a Covarrubias, de unos 60 kilómetros de recorrido. Ello se debe a una princesa noruega llamada Kristina que viajó a España a mediados del siglo XIII para casarse con un hermano del rey Alfonso X el Sabio, el infante Felipe de Castilla. En vida, ella le hizo prometer a su marido que se construiría una capilla dedicada a san Olav. Cuando la princesa murió, su marido la enterró en Covarrubias, pero se olvidó de su promesa. Se tuvo que esperar al siglo XXI para cumplir el deseo de la princesa Kristina, erigiendo en Covarrubias una capilla dedicada a san Olav, que hoy es motivo de peregrinaje.

Existen muchos inicios para emprender el Camino de San Olav a pie desde los países escandinavos, siendo los dos más populares los que comienzan en la ciudad sueca de Estocolmo y en Oslo, la capital noruega. Este último toma alrededor de un mes para recorrer unos 650 kilómetros que distan hasta Trondheim.

Yo no tenía tanto tiempo, pero en uno de mis viajes a Noruega me propuse recorrer, al menos, la última etapa. En consecuencia, abordé un tren en Oslo hasta la población de Sundet y caminé unos 20 kilómetros durante unas 5 horas, pues andaba despacio admirando la naturaleza. Al igual que en el Camino de Santiago, iba siguiendo los signos que te señalaban el camino, que eran letreros de madera donde había pintada una cruz roja dentro de una especie de cuadrado con cuatro ángulos redondos –o un nudo heráldico– y la palabra "Nidaros Pilegrimsgard".

Al llegar a Trondheim me dirigí al centro de acogida de peregrinos. Me alegré al encontrar en la entrada un mapa de España donde se promocionaba el Camino de San Olav desde Burgos a Covarrubias señalando las etapas. Se titulaba: "Den spanske Olavsveien".

En ese centro me trataron muy bien y me entregaron un equivalente a la credencial del peregrino en el Camino de Santiago. Pero el precio para dormir allí, con el descuento de peregrino, salía por unos 40 euros, cuando en los refugios del Camino de Santiago en España el promedio por dormir no suele llegar a los 10 euros. Los precios de las habitaciones individuales en los hoteles más baratos de Trondheim superan los 100 euros por pasar una noche.

Noruega es uno de los países más caros del mundo. Menos mal que fui precavido y antes de volar a Oslo había acordado con un amigo viajero noruego, llamado Tor y que vivía en Trondheim, poder dormir en su casa si llegaba el caso. Le contacté y me acogió tres días, en los cuales llegué a conocer moderadamente bien la ciudad, la tercera con mayor población de Noruega. El segundo día me dirigí a la catedral, cuyo ingreso era de pago, pero a un precio "escandinavo" que estaba por las nubes. Al mostrar mi credencial de peregrino del Camino de San Olav que me habían proporcionado en el centro de acogida de peregrinos y alegar que deseaba ver el lugar donde estuvo enterrado el santo, me dejaron pasar sin cobrarme nada.

Esa catedral era asombrosa, la más grande de Noruega. Estaba vacía de fieles; solo me encontré con un grupo de turistas noruegos conducido por un guía que les daba explicaciones.

Tras el altar estuvo la tumba de San Olav, hasta que en el siglo XVI los daneses la destruyeron, y hoy sus restos deben encontrarse en algún lugar desconocido del cementerio de la catedral.

Aunque de aspecto sobrio, en el interior de esa catedral, y en especial tras el altar, noté una fuerza como la que transmiten los lugares sagrados.

La ciudad de Trondheim se sitúa frente a un fiordo, posee una imponente fortaleza del siglo XVII sobre una colina y tiene una serie de casas de bella arquitectura de madera a ambas orillas del río Nidelva que me hicieron recordar a las ciudades de Bergen y Copenhague. Es una ciudad realmente bella.

El cuarto día me despedí del bueno de Tor y viajé al norte de Suecia para visitar lugares de peregrinaje de Laponia, como fue la aldea-iglesia de Gammelstad.

Me hallo frente a la catedral de Trondheim

POLONIA

17. Campo de Concentración de Auschwitz-Birkenau

Alambradas en Auschwitz

Había visitado los centros religiosos mayoritarios de peregrinaje en Polonia, como son Jasna Góra –en Czestochowa– y Kalwaria Zebrzydowska, cerca de Cracovia. También conocía las catedrales de las principales ciudades, como Varsovia, Breslavia y Torun. Sin embargo, noté que en Polonia había un lugar de peregrinación a partir de la segunda mitad del siglo XX que resultaba un poco heterodoxo: se trataba del campo de concentración de Auschwitz-Birkenau.

Pensé en un principio no incluirlo en los lugares sacros, pues de hacerlo debería también describir mis estancias en sitios similares y de penoso recuerdo, como son Hiroshima y Nagasaki –en Japón–, o las matanzas de Pol Pot más las de Mao Zedong y hasta el genocidio del millón y medio de armenios junto al de los asirios y griegos pónticos a manos de los turcos en el año 1915, en tiempos de Ataturk, o el millón de ciudadanos filipinos que asesinaron los estadounidenses a principios del siglo XX cuando arrebataron las Islas Filipinas a los españoles. Sin embargo, decidí incluir solo Auschwitz-Birkenau cuando averigüé que los tres últimos Pontífices de Roma: el polaco Juan Pablo II, el alemán Benedicto XVI y el argentino Francisco lo habían visitado para rezar. Ello me motivó a considerarlo como un nuevo centro sagrado de peregrinaje desde la segunda mitad del siglo XX, pues suman más de 2 millones de personas las que lo visitan anualmente –unas 6000 al día–, veinte veces más que los peregrinos a Santiago de Compostela. Y los visitantes no solo son israelíes, sino de prácticamente todas las naciones del mundo, incluidas las del mundo árabe. Consideraría la visita como una lección sobre los peores horrores que es capaz de cometer el ser humano.

De los cerca de un millón y medio de seres encerrados en Auschwitz-Birkenau desde mayo de 1940 a enero de 1945, cuando el campo fue liberado por los soldados soviéticos, murieron alrededor de 1.100.000, de los cuales cerca de un millón fueron judíos y el resto lo integraron prisioneros polacos y comunistas soviéticos, gitanos, disidentes políticos y aún otros europeos, entre ellos algunos españoles.

La entrada a Auschwitz era gratuita. Había muchísimos visitantes; algunos hablaban lenguas que no llegué a identificar. Me dieron folletos en español con explicaciones sobre las instalaciones. La frase de ARBEIT MACHT FREI (El Trabajo te hace Libre) que observé a la entrada al campo me recordó a la de SLAVA TRUDU (Gloria al Trabajo) en las ciudades de la desaparecida URSS.

Entre Auschwitz y Birkenau caminé los 3 kilómetros de distancia. No me dejé nada por ver, como los crematorios, las cámaras de gas, el muro de la muerte o los barracones de los gitanos.

Auschwitz-Birkenau me hizo estremecer y sentí mi mente exhausta. Durante la visita a los dos sitios, que me tomaría unas 5 horas, percibí una gran energía; no fue positiva, pero tampoco negativa, a pesar de lo espeluznante que me resultó. Y aunque salí con los ojos lacrimosos, me dio más fuerza para afrontar el futuro y perseverar en mi búsqueda de lugares sacros.

Cuando uno presencia lugares como Auschwitz-Birkenau, Hiroshima o el monumento Tsitsernakaberd en las afueras de Erevan –dedicado a la memoria del genocidio armenio–, se tiene la impresión de que el ser humano ha caído muy bajo. Pero esa idea es errónea; la realidad es que la sociedad nunca ha estado tan alta como habíamos creído.

PORTUGAL

18. Santuario de Fátima

Portugal posee gran cantidad de lugares sacros, como el Santuario de Nuestra Señora del Rosario de Fátima, el de Nuestra Señora de Nazaret o el peregrinaje a Bom Jesus do Monte, en Braga. Algunos de sus monasterios, como el de los Jerónimos, el de Batalha, el de Alcobaça, o el Convento de Cristo en Tomar, han sido inscritos en la lista de patrimonios mundiales por sus valores arquitectónicos, artísticos e históricos.

Pero de entre todos estos lugares el más sagrado de Portugal es, sin duda alguna, el santuario de Nuestra Señora del Rosario de Fátima desde las apariciones de un ángel –en 1916– y la Virgen –seis veces en

56

1917– en la Cova da Iria a "los tres pastorcitos de Fátima", como se conocía a Lucía, de 10 años, y sus dos primos: Francisco, de 8 años, y Jacinta, de 7 años, que eran hermanos. Los dos hermanos morirían siendo niños en 1919 y 1920. Solo sobreviviría Lucía, que ingresaría en diversos conventos de Carmelitas Descalzas, tanto en la región española de Galicia como en Portugal, y viviría hasta el año 2005.

Varios años tras las seis apariciones de la Virgen en 1917 (siempre el día 13, desde mayo a octubre), se construyó el santuario de Nuestra Señora del Rosario de Fátima.

Fátima congrega anualmente de 4 a 6 millones de peregrinos. Los días 13 de los meses en los que se apareció la Virgen suelen acudir alrededor de 500.000.

Durante la primera aparición la Virgen les confió a los niños tres secretos o profecías. Dos de ellos los reveló Lucía el año 1941, y el tercero lo hizo en el año 2000 por medio del papa Juan Pablo II.

La primera profecía se interpreta como el anuncio de la Segunda Guerra Mundial. La segunda adelanta que Rusia escapará a un gobierno maléfico (el comunismo) y de nuevo sería un país cristiano. Y la tercera podría referirse al intento de asesinato de un papa por un turco, lo que corresponde al atentado al papa Juan Pablo II el 13 de mayo del año 1981, justo coincidiendo con la fecha de la primera aparición de la Virgen. Por ello una de las balas que le disparó el terrorista turco hoy se preserva en la corona de la estatua de la Virgen en Fátima.

Debido a que Portugal es un país vecino para los españoles y al hecho de haber trabajado como guía para turistas de diversas nacionalidades mostrándoles las bellezas portuguesas, he llegado a conocer moderadamente bien todos estos sitios sagrados mencionados, pero en el que más profundicé fue en el santuario de Nuestra Señora del Rosario de Fátima, ya que en el programa del circuito que dirigía siempre teníamos dos noches de estancia en esa ciudad, y algunas veces coincidimos en un día 13 de los meses de verano, con lo cual todo el grupo que conducía y yo participábamos de las ceremonias diurnas y nocturnas. A los turistas italianos los concentraba en la explanada principal, mientras que a los rusos los llevaba a la vecina capilla ucraniana, donde se oficiaban misas en lengua rusa. Y todos se quedaban contentos.

Al igual que me sucedió en Lourdes, tampoco me gustó la excesiva comercialización de Fátima, pues todo el centro de la ciudad parecía un zoco marroquí o el gran bazar de Estambul, donde se ofrecían todo tipo de recuerdos, cirios, manteles, encajes de bolillos y hasta botellas de vino.

Sin embargo, el ver a los fieles acercarse arrodillados al santuario con semblantes llenos de fe era conmovedor, y lo convertían en un centro de extraordinaria recepción de energía sagrada que permeaba a todos los asistentes a las ceremonias.

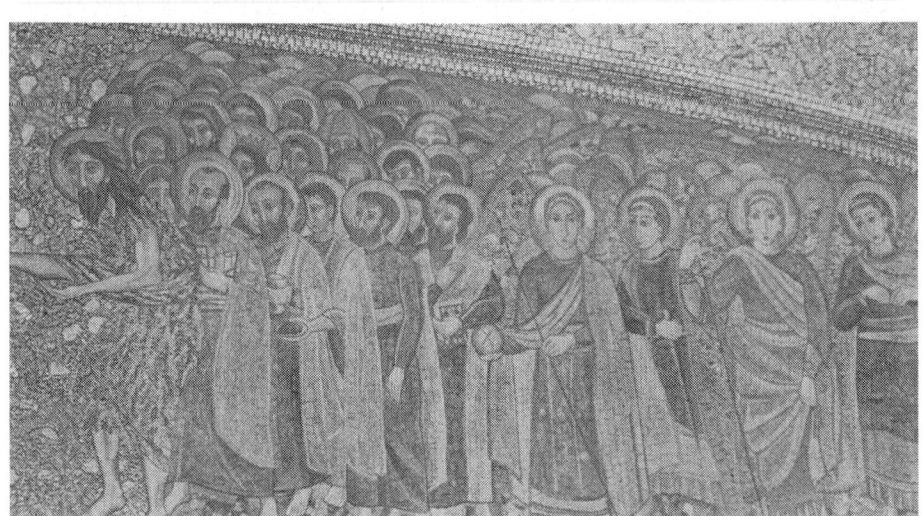

Imágenes del Santuario de Nuestra Señora de Fátima

REINO UNIDO

19. Stonehenge

Proveniente de Gales llegué sobre las 6 de la tarde en autobús a Durrington, en Inglaterra, y de allí caminé hasta Stonehenge, adonde arribé ya oscureciendo.

La vista del complejo de Stonehenge durante la noche, aunque no hubiese luna llena, me emocionó. Imaginaba a los druidas realizando ceremonias nocturnas entre los menhires, dólmenes y trilitos. Algunas de esas piedras colosales llegaban a pesar 30 toneladas.

Solo días más tarde, de regreso en España, averiguaría que el origen de ese complejo megalítico no es druida, ya que fue erigido alrededor de 5000 años atrás, cuando los druidas, o la casta sacerdotal de los celtas, aquellos que tenían más desarrollado el sentido de la intuición, no existían. Por otra parte, los druidas, además de sus prácticas de sacrificios humanos, solo realizaban el ritual del roble y el muérdago en los bosques. Hoy ya no existen druidas, pues sus prácticas fueron erradicadas y proscritas por los romanos. Los druidas, durante los últimos años de su existencia, siempre se opusieron al cristianismo.

Se ha especulado mucho sobre Stonehenge. Además de la teoría imposible de que hubiera sido un lugar sagrado de los druidas, se afirmaba que bien podría tratarse de un observatorio astronómico por la disposición de las piedras, y para predecir los equinoccios y el tiempo de las cosechas. Hay incluso historiadores que afirman que en el pasado los hombres enfermos se curaban milagrosamente al acariciar esas piedras. También hay quien sostiene que era un lugar ceremonial dedicado a los muertos, pues un menhir se llamaba "piedra del sacrificio" y una losa en el suelo era "el altar".

En las islas Británicas existen centenares de cúmulos de piedra similares, aunque no tan "escénicos" como Stonehenge.

Mi intención era pasar la noche entre las piedras que forman los cuatro círculos de Stonehenge. Cuando viajo tengo una antojo que consiste en dormir junto a lugares considerados mágicos, como ya había hecho en lo alto del castillo cátaro de Montségur, a los pies de la Esfinge de Guiza, dentro del templo romano de Júpiter en Baalbek –en Líbano–, en los islotes del complejo de templos sagrados de Nan Madol –en los Estados Federados de Micronesia–, en el trilito de Ha'amonga 'a Maui –en Tonga–, ante la ciudadela de Machu Picchu, etc., ya que esos sitios se consideran chakras del planeta Tierra que desprenden energía telúrica, y a mí me parecía que al dormir junto a ellos adquiría baraka, o energía sutil.

Pero en Stonehenge había un policía en la puerta y no me dejó entrar al recinto. Cuando estaba desplegando mi saco de dormir en el otro lado de la carretera para acostarme, observé cómo un coche pasó a recoger al policía y se lo llevó. El sitio no estaba custodiado durante la noche, cosa que me extrañó.

Entré entonces en el complejo de Stonehenge y acabé dormido como un ángel mirando a las estrellas en el centro del círculo concéntrico interior, el cuarto, formado por enormes megalitos. Eso sí, me desperté al amanecer con los primeros rayos del sol para evitar ser sorprendido por el policía de turno de la mañana.

20. La Vía Francígena

Christ Church Gate en Canterbury (anterior)

Aproveché un viaje a las islas escocesas de las Orcadas, donde estuve visitando las rocas de los sitios neolíticos, para –en el regreso a España vía terrestre– recalar por un par de días en los lugares sagrados de Inglaterra que me cruzara en mi camino, como fueron las catedrales de las ciudades de Durham y York, sitios de peregrinaje durante la Edad Media.

Finalmente me dirigí a Canterbury, centro del cristianismo anglicano, para pasar la noche y prepararme para iniciar al día siguiente la Vía Francígena, un peregrinaje de alrededor de 1800 kilómetros hasta Roma, atravesando cuatro países (Inglaterra, Francia, Suiza e Italia), que se completa a pie en unos 80 días. Se acomete con el anhelo de reverenciar la tumba del apóstol San Pedro en el Vaticano. El primer peregrino de la Vía Francígena fue el arzobispo de Canterbury Sigerico el Serio, en el siglo X.

A las 9 de la mañana abrieron la catedral de Canterbury a través de un portal majestuoso (Christchurch Gate). Asistí a la misa anglicana, veneré la tumba del mártir Thomas Becket y recibí la bendición del peregrino.

Aunque desde el siglo III ya había discrepancias entre la interpretación del cristianismo entre Roma y la iglesia en Inglaterra, la causa que provocó la ruptura fue la negativa del papa de Roma (Clemente VII) a aceptar la nulidad del matrimonio del rey inglés Enrique VIII con su esposa Catalina de Aragón, para así casarse con Ana Bolena, hecho que sucedió en el siglo XVI. Enrique VIII, en el año 1536, rompió todas sus relaciones con Roma y se autoproclamó el "gobernador supremo de la Iglesia de Inglaterra".

Hoy, el anglicanismo, con unos 70 millones de adherentes, es la cuarta iglesia cristiana en importancia, tras la católica, la ortodoxa y la luterana.

Una vez que acabó la misa en la catedral de Canterbury, me dirigí a la iglesia católica, llamaba en inglés "St Thomas of Canterbury Church", que se hallaba a pocos pasos de la catedral, y allí solicité un nuevo sello en mi credencial del peregrino. Tras ello me bendijeron. Pensé que más vale que me sobren bendiciones a que me falten.

Antes de abandonar Canterbury, me detuve en una cafetería para tomarme un buen desayuno típico inglés, el famoso "English breakfast", ya que pensé que hasta la noche no volvería a comer (de hecho me equivoqué, pues por los huertos del camino recogería rábanos, riquísimos, que me comería mientras caminaba).

A la salida de Canterbury visité por unos minutos la iglesia de San Martín, la más antigua de Inglaterra, y tras ello seguí el camino hasta un poblado llamado Patrixbourne, antes de internarme por el follaje por más de 20 kilómetros. Había tanto barro campo a través que cada poco rato debía hacer un alto para limpiar mis mocasines. Ello aminoró mi marcha. Me perdí dos veces. La Vía Francígena no está tan bien organizada ni señalizada como el Camino de Santiago en España y Francia. Una vez oí disparos de escopetas: eran cazadores matando pájaros, ¡había entrado en un coto de caza sin darme cuenta! Y en otra ocasión entré en la autopista, pero al rato la Policía me detuvo y me depositó de nuevo en el camino.

Así y todo logré alcanzar Dover poco antes del anochecer, cansado por tantas paradas para limpiarme el barro.

Ese primer día, a no ser por la belleza e historia de la sagrada catedral de Canterbury y la histórica de San Martín, no lo habría encontrado provechoso, pues la caminata en solitario fue, además de dura, tediosa, sin ningún interés para el peregrino. En el Camino de Santiago, tanto en España como en Francia, se disfruta más y se conoce a otros peregrinos.

Sin duda, el fragmento más atractivo de la Vía Francígena es el que cruza Italia.

Sentí más "magia" en el interior de la catedral de Canterbury que en esa primera etapa inglesa de la Vía Francígena.

Por la noche crucé el Canal de la Mancha en un ferri. En Calais, ya en Francia, el peregrinaje se haría más benigno, pero hasta Roma aún tenía 1770 kilómetros por delante.

Christ Church Gate en Canterbury (posterior)

RUMANÍA

21. Monasterio de Voronet

Rumanía es un país básicamente cristiano en sus diversas denominaciones; es difícil encontrar seguidores de otras religiones como el islam o el judaísmo. Los que profesan el catolicismo y el protestantismo son los más de un millón de húngaros que viven en Transilvania, región esta que alberga aldeas donde se concentra una gran cantidad de iglesias declaradas patrimonios mundiales, y lo mismo ocurre con las bellísimas iglesias de madera de la región de Maramures, o el famoso monasterio de Horezu para los ortodoxos rumanos, y también el monasterio católico Sumuleu Ciuc, que constituye un centro de peregrinaje para húngaros, tanto de Rumanía como de Hungría.

Pero de entre todos los lugares sacros que he visitado durante mis varios viajes a Rumanía el lugar que más me sedujo y que encontré más mágico y poderoso fue el monasterio de Voronet, en la región de Bucovina, a unos 5 kilómetros de la población de Gura Umorului, distancia esta que recorrí a pie.

Al llegar al muro de la entrada piqué y me abrieron la puerta unas monjas vestidas de negro. En su interior vivían quince de ellas, que estaban a cargo de un pope. Pagué el importe del billete y penetré en el recinto.

Voronet consiste en un monasterio pequeño, tipo fortaleza. La arquitectura se asemejaba a la de la iglesia Precista de Bacau (que había visitado el día anterior), pero el monasterio de Voronet era infinitamente más hermoso, sobre todo por los frescos, tanto exteriores como interiores. La iglesia central estaba dedicada a San Jorge.

Entre los frescos destacaban los del Juicio Final, la Resurrección de los Muertos, las calderas de Gehena, escenas del Génesis, etc. Aquello era de una perfección sublime, por ello ha recibido el justo calificativo de Capilla Sixtina de Oriente.

El color azul oscuro de los frescos resaltaba especialmente, y tan intenso era que a ese tono se le conoce por "azul Voronet". Tras la visita, ese tono de azul se convirtió en mi color favorito.

Una monja de Voronet me contó sobre un rey rumano llamado Stefan cel Mare, o Esteban el Grande, también conocido por el apelativo de El Santo (a su muerte fue canonizado por la Iglesia ortodoxa rumana), que había ordenado construir casi todos los monasterios de la región de Bucovina, entre ellos el de Voronet. Debido a su iniciativa, hoy esa región es un "archipiélago" de monasterios.

Stefan cel Mare fue un príncipe de Moldavia del siglo XV que mantuvo a raya a los turcos otomanos, venciéndoles en 34 de 36 batallas. En cada territorio nuevo que conquistaba erigía iglesias o monasterios, cuarenta y siete en total, pero para proteger el monasterio rumano de Koutloumoussiou, en el Monte Athos, pagaba tributo a los turcos. Era un monarca honesto, exento de soberbia; valiente, pero clemente con los derrotados; equilibrado en el habla y amante de lo bello; uno de los pocos monarcas virtuosos y sabios que ha dado la humanidad, a la par con el emperador Ashoka en la India, Alejandro Nevski en Rusia o Isabel la Católica en España.

Todavía viajé a otros monasterios de las regiones de Transilvania, Bucovina y Moldavia, bien fuera en tren, en autobús, en autostop o caminando, pero siempre recordaba los frescos de Voronet de tanto que me "mesmerizaron".

RUSIA

22. Monasterio de Solovetsky

El tren de San Petersburgo me depositó en la estación de Kem, en la República de Carelia. Eran las 3 de la madrugada y me tumbé sobre un banco de madera de la sala de espera para intentar dormir un poco. También del mismo tren descendió un grupo de unas cuarenta personas. Eran peregrinos, con mayoría de mujeres con las cabezas cubiertas con pañuelos, que se pusieron a rezar y cantar temas religiosos hasta que amaneció, allá sobre las 5 y media. Fue entonces cuando pude dormir un par de horas, tras lo cual me lavé, bebí un café y pregunté por el puerto para abordar el primer barco a las islas Solovetsky, en cuya isla principal se localiza el monasterio de Solovetsky.

Al que madruga Dios le ayuda, pero a mí no me ayudó por no haber seguido a los peregrinos al amanecer. Al arribar en autobús al puerto, a varios kilómetros de distancia de Kem, el barco gratuito para los peregrinos ya había zarpado. Quedaban las galeras particulares, que cobraban 850 rublos a los extranjeros.

La galera tomó tres largas horas para arribar a la isla Bolshoi Solovetsky (Gran Solovetsky), dentro del archipiélago Solovki, o Solovetsky, ya en el óblast de Arjangelsk.

Desde el barco conté que el monasterio tenía ocho torres sólidas. Unos pasajeros me dijeron que hay siete entradas para acceder a él. Las cúpulas sobre la catedral y las iglesias interiores del monasterio eran imposibles de calcular desde la distancia.

El monasterio de la isla Bolshoi Solovetsky me hechizaría. Su fantástica estructura parecía irreal; era de una belleza cautivadora tan inusual que te embriagaba.

Penetré estremecido en el recinto amurallado, localicé al monje que se ocupa de los peregrinos y me presenté como tal. Me concedió tres días de estancia, incluyendo las tres comidas diarias en la trapeza del monasterio. Me retuvo el pasaporte hasta el día de mi partida, como es costumbre hacerlo, pues debían reportarme a la Policía.

Tras dejar mi pequeña bolsa sobre el camastro del dormitorio que me asignó el monje, salí al pueblo y entré en la Oficina de Información y Turismo, justo frente al monasterio, y por sus empleados aprendí que en esa isla viven unas mil personas.

Según leí en un folleto turístico, el monasterio fue fundado a mediados del siglo XV por dos monjes, uno de los cuales provenía de otro monasterio en la ciudad de Kirillov, en el óblast de Vologda. En sus mejores tiempos albergó casi cuatrocientos monjes, pero durante los días de mi visita habría una cuarentena de ellos.

Durante los tiempos zaristas también fue utilizado como prisión. Y fue en ese monasterio de Solovetsky donde el propio Lenin instauró en el año 1921 el primer prototipo de GULAG (siglas de Glavnoye Upravlieniye Ispravitelno Trudovij Laguerei o, literalmente: Dirección General de Campos de Trabajo) de la Unión Soviética.

Cuando llegó la hora de la misa participé en ella como un monje más, junto a multitud de peregrinos y compañeros de dormitorio. La ofició el Archimandrita del monasterio y duró cinco horas.

Según el calendario juliano, celebraban la natividad del apóstol san Juan Bautista.

Las mujeres estaban situadas a la izquierda y los hombres, a la derecha. Todos estábamos de pie, impertérritos, como es usual en las misas ortodoxas. De vez en cuando pasaba un monje con un incensario y nos bendecía.

Uno de mis compañeros de celda se situó junto a mí en la misa. Era ucraniano, de la ciudad de Járkov, se llamaba Alexander Vashenko y era cojo de las dos piernas, por lo que se servía de dos muletas. Sin embargo, jamás se sentó y participó de la larga misa hasta el final. Era doloroso verle cómo se esforzaba para permanecer erguido.

Alexander sería mi mejor amigo durante los tres días que viví en ese sagrado lugar. Me contó su vida. Tenía 45 años y era peregrino desde la adolescencia. Se desempeñaba de fotógrafo de sitios religiosos y las fotos que realizaba las vendía en una revista de Kiev. Lo que ganaba no era mucho, y lo empleaba en comprar billetes de tren para alcanzar nuevos monasterios ortodoxos por los países que componían la antigua Unión Soviética. En ellos dormía y comía gratuitamente, como en Solovetsky, donde ya llevaba dos semanas, pero como los monjes le conocían de peregrinajes anteriores y habían constatado su gran fervor religioso, le permitían permanecer en él todo el tiempo que quisiera.

Su vida me recordó a la del personaje del libro "El peregrino ruso". Él tenía la esperanza de encontrarse con los llamados "stárets", para que le ayudaran en su búsqueda interior.

En Rusia, un stárets es una especie de ermitaño que por su vida simple, pura y virtuosa alcanza una sabiduría y clarividencia basada en la intuición. Dos de los stárets más conocidos que todo ruso adora fueron Sergio de Rádonezh (que fundó el monasterio de Sergiev Posad a unos 70 kilómetros de Moscú) y Serafín de Sarov. Cuando visité el monasterio de las Cuevas, en Pskov, en la misma frontera con Estonia, averigüé sobre la vida de un stárets que murió allí en 2006. Se llamaba Ioan Krestiankin y era el archimandrita de ese bello cenobio. Otro stárets muy famoso y controvertido fue Gregori Rasputin.

Alexander me hizo de cicerone por los recovecos del monasterio explicándome la historia, como los lugares donde cayeron varias de las muchas bombas que, en el contexto de la Guerra de Crimea, tres barcos ingleses lanzaron a lo largo de dos días seguidos al monasterio, destruyendo innumerables tesoros y matando a monjes. Me enseñó las tumbas de santos célebres, así como una piedra negra que servía de almohada a un santo, las celdas donde hacinaban a los presos cuando el monasterio fue un GULAG, y otros sitios interesantes más.

Mientras paseábamos, mi amigo peregrino llevaba un rosario y al mover las cuentas repetía constantemente la siguiente frase: "Señor, ten piedad de mi alma".

Durante las comidas en el trapeza para los peregrinos un monje leía la Biblia en voz alta, como es tradición en los monasterios ortodoxos y también en algunos católicos. Varios voluntarios depositaban las cacerolas en medio de la mesa y cada peregrino se servía a placer. Los monjes comían en otra trapeza aparte, sita en otra ala del monasterio.

El cuarto día recuperé mi pasaporte y me despedí de los monjes y peregrinos con los que había trabado amistad, en especial de Alexander.

Monasterio de Solovetsky (interior)

23. Monasterio de Valaam

Poso ante el monasterio de Valaam

Según una leyenda, el monasterio de la isla de Valaam, en el lago Ladoga, habría sido fundado en el siglo X, o tal vez en el XIV, por dos monjes: Sergio y su compañero Herman, que podrían provenir de Grecia o bien de Carelia. Sufrió varios ataques a lo largo de los siglos por parte de los luteranos de Suecia. Durante un tiempo el monasterio perteneció a Finlandia, hasta que los rusos lo conquistaron en el transcurso de la Segunda Guerra Mundial. Toda la isla de Valaam fue una base militar durante el período que pasó a manos de la Unión Soviética.

La manera que me pareció más sencilla para acceder a él fue comprando una excursión de un día entero en San Petersburgo. Una buena mañana abordé un autobús junto a otros turistas hasta un puerto del lago Ladoga, donde nos embarcaron en un ferri hasta la isla de Valaam. Al llegar, se hizo cargo de nosotros un guía para mostrarnos las instalaciones y darnos explicaciones históricas. Tras ello tuvimos varias horas de tiempo libre para descubrir diversos "skit", como son llamados en ruso, o "sketes", tipo capillas a cargo de un ermitaño, en medio de una exuberante naturaleza.

El almuerzo en el refectorio estaba incluido en la excursión. Fue simple, pero satisfactorio; consistió en una sopa de verduras, más un pescado del lago, que estaba delicioso.

Al acabar, nos llevaron a una iglesia para deleitarnos con unos cantos a cargo de varios monjes que interpretaron el bello tema "Agni Parthene". Ese monasterio es célebre por esos cantos, que mezclan el estilo bizantino con uno propio ruso llamado "znamenny".

Se dice que la paz que se disfruta en Valaam eleva el ser y sus monjes destacan por su sabiduría. El presidente de Rusia, Vladimir Putin, lo visita regularmente para encontrarse con el abad, a quien le pide consejo.

Aunque había visitado varios monasterios cristianos ortodoxos en Rusia, desde el de Solovetsky en el mar Blanco y el de la Nueva Jerusalén en los alredededores de Moscú, hasta el de la Trinidad y San Sergio, en Sergiev Posad (que constituye el centro del Cristianismo ortodoxo de Rusia), o el sorprendente monasterio de las Cuevas en Pskov, cuya visita me dejó admirado y me hizo llorar, fue en ese de Valaam donde experimenté un estado anímico más armonioso. Disfruté de un día hermoso e inolvidable en ese monasterio.

24. Bulgaria del Volga

Tras el cristianismo ortodoxo, la segunda religión practicada por un mayor número de rusos es el islam en su variante suní, aunque unos 2 millones de inmigrantes azeríes y tayikos son chiitas.

El lugar más sagrado en Rusia para los practicantes del islam es Bolgar, en la República de Tartaria, que durante varios siglos constituyó un estado llamado "Bulgaria del Volga".

Encontrándome en Kazán, la capital de Tartaria, abordé un barco rápido por el río Volga que 2 horas más tarde, y tras recorrer unos 150 kilómetros, me depositó en el embarcadero de Bolgar, una población de unos 10.000 habitantes.

Allí vi un letrero que indicaba que me encontraba en el "Conjunto histórico y arqueológico de Bolgar".

Los que viajaron en mi barco eran rusos en su mayoría, y al ser domingo se habían llevado a sus hijos. A los tártaros se les distingue por sus rasgos orientales y porque visten de manera distinta a los rusos, sobre todo las mujeres, pero apenas vi ningún tártaro en ese barco.

Enseguida comprobé que Bolgar se componía de dos zonas; la primera era turística, con tiendas de suvenires, un museo dedicado a la fabricación del pan, un molino, restaurantes ofreciendo pinchos morunos, etc. Lo mejor de ese complejo era la "Mezquita Blanca", construida con ladrillos de color blanco a finales del siglo XX, adonde llegaban los fieles tártaros a rezar, pues representaba un lugar de peregrinaje, ya que fue en Bolgar donde los tártaro/mongoles de la Horda de Oro aceptaron convertirse al islam, y donde se preserva el libro del Corán más pesado del mundo (800 kilos). Para el tártaro que no puede permitirse viajar a las ciudades de La Meca y Medina, el peregrinar a Bolgar equivale a haber cumplido con el precepto del islam (el hajj) que requiere a sus fieles visitar esos dos lugares sagrados de Arabia Saudita.

Esa mezquita, junto a sus dos minaretes de 35 metros de altura, más su madrasa, conmemoraba los 1100 años de la aceptación del islam por los bólgaros (o búlgaros). Algunas de sus tribus se instalaron entre el río Danubio y el mar Negro, en el actual país de Bulgaria, mezclándose con los eslavos y adoptaron el cristianismo.

Tras descalzarme, entré en esa mezquita blanca; nadie me preguntó si era cristiano o musulmán, pues la visita era libre y, además, te permitían hacer fotografías.

Posteriormente caminé hacia la segunda zona, el sitio arqueológico, que distaba 1 kilómetro.

Recorrí por unas 3 horas todos los edificios que comprenden ese histórico lugar, donde, además de mezquitas con minaretes y mausoleos del siglo XIII, había una iglesia ortodoxa convertida en museo, que me apresté a visitar. El gran palacio del Jan, a orillas del Volga, estaba en obras, por lo que no pude admirarlo en todo su esplendor. Otro edificio, parecido a un palacio, estaba cerrado y por ello no pude ver el documento firmado por los tártaros ante una delegación musulmana venida desde Bagdad para que se convirtieran al islam. También allí había cafeterías y venta de suvenires, más alquiler de ropa para disfrazarse de Gengis Jan y hacerse una fotografía.

Los mausoleos eran de antiguos líderes religiosos, de gentes notables, o bien militares, como el del Gran Jan. Los letreros estaban escritos en ruso, tártaro e inglés. Uno de esos antiguos mausoleos lo habían transformado en una iglesia/museo con explicaciones muy didácticas.

A media tarde abordé de nuevo el barco a través del Volga, que me devolvió ya de noche al centro de Kazán.

Aunque yo no era musulmán, sentí que había realizado un peregrinaje notable y lleno de fuerza.

25. Datsan Atsagat

El budismo es la tercera de las religiones más practicadas en Rusia. Sus seguidores están adheridos a la secta Gelugpa (o de los gorros amarillos) de la variante tibetana, cuyo líder espiritual es el XIV Dalái Lama.

Los budistas se concentran en las repúblicas de Kalmukia, de Buriatia y de Tuvá, además de en otros lugares de la región de Irkutsk y del krai de Zabaikalie, donde viven descendientes de mongoles.

El centro budista de Rusia lo constituye el monasterio de Ivolga (Ivolginsky Datsan en ruso), a una veintena de kilómetros de la ciudad de Ulán-Udé, la capital de Buriatia. Es un lugar famoso porque allí murió en el año 1927 un lama llamado Itigelov, cuyo cadáver, colocado en posición de flor de loto, está incorrupto y se puede visitar en uno de los templos, aunque no te permiten hacerle fotografías.

Conversando con los monjes de Ivolga me mencionaron a Agvan Dorzhiev, un monje buriato muy respetado que fue asesor del XIII Dalái Lama y huyó con él desde Lhasa a Mongolia cuando los ingleses invadieron el Tíbet los primeros años del siglo XX. Fue gracias a la amistad de Agvan Dorzhiev con el zar Nicolás II que en San Petersburgo se erigió un templo budista, conocido como Datsan Gunzechoineien, en cuya decoración –creando las vidrieras– participó el pintor ruso, a la vez que místico y humanista, Nikolái Roerich.

Además de Ivolga había visitado una docena más de monasterios budistas en Rusia, como fue el único perteneciente a una nación budista en Europa, que se localiza en la ciudad de Élista, la capital de la República de Kalmukia, y es llamado "la Morada Dorada del Buda Sakiamuni" (o "urkhan Bakshin Altan Sume" en la lengua kalmuka, derivada del mongol). Lo que más impresiona de él es la estatua chapada en oro de Buda de 9 metros de altura, que se considera la más alta de Europa.

Pero el monasterio budista, o datsan, que me llegó al corazón fue el de Atsagat, ubicado a unos 50 kilómetros de distancia de Ulán-Udé, un monasterio extraordinario donde se han educado siete grandes maestros budistas que han alcanzado la cima de la espiritualidad, entre ellos Agvan Dorzhiev, que nació en una aldea vecina.

En el interior de ese datsan vi representados en cera a tamaño natural cinco lamas, entre ellos los Dalái Lamas XIII y XIV, además de Agvan Dorzhiev. El monje al cargo (Tarba Lama) me relató historias estremecedoras sobre esos cinco lamas y sobre el zarévich Nicolás Romanov (futuro zar Nicolás II), que visitó ese datsan en el año 1891, al regreso de su viaje alrededor de Asia. También lo visitaría en un par de ocasiones el XIV Dalái Lama.

Tarba Lama me contó lo que yo interpreté como leyendas fantásticas, pero noté que él las creía ciegamente. Afirmaba que los miembros masculinos de la Dinastía Romanov fueron reencarnaciones de Suchandra, un legendario rey de una ciudad mítica llamada Shambhala, sita en un lugar ignoto del Himalaya. Y estaba convencido de que el zar Alejandro I no murió en la ciudad de Taganrog, a orillas del mar de Azov, a causa de una hemorragia cerebral, como sostienen las fuentes históricas oficiales, sino que, sintiéndose culpable de la muerte de su padre, el zar Pablo I, al permitir que lo asesinaran en su palacio estando él presente, quiso expiar su gran pecado y desapareció, convirtiéndose en un asceta bajo el nombre de Fiódor Kuzmich. Vagó por Rusia hasta que llegó a parar a la ciudad de Tomsk, donde murió y fue canonizado. Debido a su ascetismo, bondad y sabiduría basada en la intuición, las gentes lo tomaron por un stárets, o guía espiritual. Cuando los comunistas llegaron al poder en Rusia, abrieron el sepulcro del zar Alejandro I para robar las joyas que suponían que habría dentro, pero encontraron la tumba vacía.

Curiosamente, durante el viaje por Asia del príncipe Nicolás Romanov en 1891, tras su escala en Atsagat se dirigió a Tomsk para visitar la tumba de Fiódor Kuzmich y rezar ante ella.

26. Los Pilares del Lena

Encontrándome en la ciudad de Yakutsk, la capital de la República de Sajá (o Yakutia), debía esperar unos 7 días un permiso militar para abordar un barco por el río Lena hasta su desembocadura en el océano Glacial Ártico.

¿Cómo emplear provechosamente esa semana? Al final resolví inscribirme en una excursión de tres días con dos noches de duración a un lugar espectacular a orillas del río Lena: el parque natural de los Pilares del Lena (Lenskie Stolbi en ruso), que consistía en infinidad de formaciones rocosas verticales de hasta cien metros de altura a lo largo de decenas de kilómetros siguiendo el curso del río Lena. Se cree que las formaciones de los pilares inspiraron la cultura del tótem que los pueblos siberianos llevaron a América por el estrecho de Bering.

El barco que abordé a los Pilares del Lena se llamaba Mekhanik Kulibin. Me asignaron una cama en un dormitorio, pues había comprado el boleto más barato. Pero tuvieron la deferencia de dejar la cabina para mí solo.

La travesía hasta los pilares duraría un día. En el barco había una sala de fiestas con karaoke, juegos de mesa y un pequeño restaurante con comida básica pero decente.

A las pocas horas de navegación observé a los pasajeros y exclamé para mí:

—"¡Qué raro! A excepción del capitán y un grumete, todas las demás personas a bordo, unas doscientas, son yakutos".

Entre ellos hablaban el yakuto, pero conmigo tenían la deferencia de hablar en ruso. Todos se mostraban muy sorprendidos cuando les decía que era español.

Les pregunté por qué los rusos no viajaban a los Pilares del Lena, y me contestaron que a veces algunos sí lo hacen, pero la razón por la que los yakutos iban allí era debido a que el barco efectuaría una escala de varias horas en un parque natural, donde tendría lugar una ceremonia chamán, y casi todos los yakutos, al igual que las etnias del norte de Siberia, son chamanes.

Cuando llegamos al parque natural, emplazado sobre una isla fluvial, les seguí. A una corta distancia habían limpiado una zona de arboleda donde se escondía un gran tótem de piedra de unos 3 metros de altura con una cara de hombre esculpida. Se trataba de Ichchi, el Espíritu de los Pilares del Lena. Pronto apareció un matrimonio de unos 50 años. Eran los chamanes. Todos los pasajeros del barco, a excepción del capitán y el grumete rusos, formaron un coro y estiraron los brazos hacia delante, a la par que gritaban:

—¡¡¡Uuuuuuuhhhhhhh…!!!

Y mientras tanto el chamán, todo vestido de blanco, realizaba ceremonias con una especie de plumero y encendía un fuego sagrado a base de astillas alrededor del cual danzarían con los brazos estirados. La esposa, con un vestido de color verde y un capuchón del mismo color, tocaba un instrumento típico de los pueblos de Siberia y Mongolia, llamado "jomus", una especie de arpa diminuta que se introducía en la boca y la hacía vibrar.

La atmósfera era sobrecogedora, todos los yakutos estaban como en trance gritando "Uh" con la mirada perdida y gesticulando los brazos, haciéndolos temblar con frenesí. Hasta me entró un poco de miedo.

Al cabo de un rato el chamán colocó su plumero en las brasas del fuego y con él nos pintó con ceniza a cada uno de los asistentes un punto negro en la frente. A mí me pintó la punta de la nariz. Era una especie de comunión. A los bebés al nacer también les hacen lo mismo.

A continuación, todos los yakutos colocaron monedas de 5 o 10 rublos, trozos de comida y hasta vasitos llenos de vodka a los pies del tótem del gran espíritu y también a las faldas de un árbol chamánico con todas sus ramas llenas de trapos de colores. Algunos yakutos abrazaron el árbol y unas piedras con inscripciones en el suelo, a las que consideran sagradas.

Por lo que me contaron, en ese parque estaba prohibido fumar y beber alcohol. Tan solo permitían portar una botella de vodka si la ofrecías a los espíritus, pero no para consumo personal.

Al acabar la ceremonia con cantos guturales, que duró más de una hora, pude hablar con el chamán. Me contó que vivía en una orilla del río Lena y cada vez que llegaba un barco él se acercaba para ejecutar su ceremonia a los pasajeros, los cuales iban a los Pilares del Lena con ese propósito más que como turistas.

Durante el período comunista las prácticas chamánicas estaban prohibidas y muchos chamanes fueron asesinados o enviados a un GULAG.

Me pareció interesante el hecho de que los yakutos que venían conmigo no semejasen ser gente "inculta" que creyera en supersticiones, como pude comprobar al conversar con ellos en el barco, sino todo lo contrario; entre ellos se encontraban dos doctores, una artista con la que trabé amistad y un profesor de escuela.

Poco después una guía del parque nos invitó a seguirla a una excursión a la cima de los pilares para admirar las caprichosas formas rocosas y la vista panorámica del río Lena. Varias horas más tarde volvimos al barco para descansar en una playa y a la mañana siguiente regresamos a Yakutsk. Había sido una experiencia insólita y a la vez muy instructiva.

En un viaje posterior que realicé a Narian-Mar, capital del distrito autónomo de Nenetsia, al norte de Rusia, para visitar el lugar donde fue quemado vivo el protopapa Avvakum Petrov, líder del cisma de los Viejos Creyentes, tuve la oportunidad de participar en más ceremonias de los chamanes y hacer amistad con uno de ellos de la etnia de los nénets que me pareció entrañable por su gentileza, conocimientos y sinceridad. Los nénets suelen ser simultáneamente seguidores del chamanismo y del cristianismo ortodoxo, ya que los nativos de Siberia, al igual que los de las zonas polares del norte de Canadá, de Alaska o los de Groenlandia, más los lapones de la península escandinava, son fieles a la esencia heredada de sus antepasados, seres sensitivos próximos a la naturaleza. El chamán de Nenetsia me explicó que cuanto más unido a la naturaleza te hallas, más cerca estás de Dios.

27. La Ciudad de los Muertos de Dargvas

Salí temprano de Tbilisi y crucé la Ruta Militar Georgiana alcanzando a media tarde Vladikavkaz, la capital de la República de Osetia del Norte-Alania. Allí me instalé por dos noches en el hotel Intourist. Tenía un objetivo primordial: conocer los lugares sagrados de una religión alana llamada Uatsdin, y para ello me dirigí al día siguiente a la necrópolis de Dargvas, que comprende 99 tumbas y criptas, algunas de las cuales se especula que datan del siglo XII.

El sitio es muy escénico. Las tumbas y criptas se hallan junto a un riachuelo llamado Gizeldon sobre la ladera de una colina coronada por una torre que ejerce de guardián. Las criptas son cuadradas y pintadas de blanco, con un techo cónico de color marrón. En el interior se hallan los huesos de los difuntos, y en algunas vi monedas y hasta una especie de barca para que conduzca el alma del difunto al otro mundo, lo que me hizo recordar algunas tumbas egipcias.

Se dice que el que pisa esas tumbas no saldrá vivo del lugar. Sin embargo, a la entrada había una señora que promovía la visita a ellas vendiendo billetes de ingreso a los turistas. Interpreté que esa maldición

Viajé en autobús hasta Usce y después caminé ascendiendo montañas unos 11 kilómetros, hasta el monasterio de Studenica.

El monasterio de Studenica era más bien pequeño y estaba amurallado. Era bello, rodeado de naturaleza exuberante, y databa del siglo XII. Su emblema era una cruz y un ancla, que simboliza la esperanza en la resurrección.

El monasterio lo moraban ocho monjes. Al entrar vi a uno de ellos que estaba barriendo el monasterio. Le pregunté por los dormitorios de los peregrinos y me mandó al albergue, dentro del territorio amurallado, que cobraba 110 dinares (unos 10 euros) por una habitación individual con el desayuno incluido. En una pared de mi cuarto había un mapa mostrando los viajes de san Sava, que fue un príncipe serbio antes de convertirse en monje. Hoy es un santo muy venerado en los Balcanes. Peregrinó a Anatolia, a Egipto, al monasterio de Santa Catalina en el Sinaí, a Tierra Santa, etc. Y fundó, junto a su padre, el monasterio serbio de Hilandar, en el Monte Athos. Los padres de san Sava habían sido precisamente los fundadores del monasterio de Studenica.

Dejé mi bolsa y salí a explorar el monasterio por dentro y fuera de sus murallas, con todas sus instalaciones y los frescos en la iglesia central y en el refectorio, o trapeza.

El monje que vi a mi llegada fue el encargado de mostrarme la iglesia, las tumbas de reyes (entre ellas la del hermano de san Sava) y los mejores murales, en especial el de la Crucifixión. Los frescos del interior de la trapeza también eran muy vistosos y su visión transmitía paz interior.

Al día siguiente, tras participar en la misa y luego desayunar, me despedí de los monjes y reanudé mi peregrinaje a pie, en autostop y en autobuses a lo largo de la Ruta Transrománica para visitar otro monasterio serbio.

Al llegar a mi siguiente monasterio, llamado Zica, que era femenino, se hizo cargo de mí una lozana monja que me daría explicaciones sobre ese cenobio, que encontré más atractivo que el de Studenica, en especial por sus muros de vivo color rojo. Es por ello que es denominado "El Rojo". Había sido fundado por san Sava.

Justo al rato comenzó una ceremonia de boda muy vistosa y me quedé junto a la monja observándola.

Mientras tanto, ella me habló de la importancia de ese monasterio en la historia de Serbia. Me contó que era en Zica donde se coronaba a los reyes serbios y que por ello forma parte del trío de monasterios que ostentan el título honorífico de Carska Lavra, o Monasterio Imperial, junto al de Studenica y el de Hilandar en el Monte Athos.

En un principio, la sede de la Iglesia ortodoxa serbia se ubicaba en ese monasterio, tan importante es Zica en la historia del país. Hoy la sede se localiza en la iglesia de san Sava, en Belgrado, en el lugar donde se supone que los turcos quemaron los restos de san Sava en una pira a finales del siglo XVI para así intimidar a los serbios y frenar sus intentos de independizarse del Imperio otomano.

Fue inevitable que surgiera el tema de las recientes guerras de los Balcanes. Acerca de la quema de los restos de san Sava por los turcos y otros incidentes sufridos por Serbia por sus enemigos pasados y más recientes, como el bombardeo de Zica durante la Segunda Guerra Mundial y el salvaje ataque de los bombarderos de la OTAN contra Serbia en el año 1999 destruyendo varios monasterios y matando a muchos miles de civiles, la joven monja me explicó:

—"Cuando se quiere vencer a un pueblo, lo primero que hacen sus enemigos es destruir su memoria, sus lugares sagrados".

Me enamoré espiritualmente de esa monja tan joven pero tan sabia, además de bella.

En la despedida me regaló una botella de zumo de frutas preparado por las hermanas, para que me lo bebiera durante el viaje al siguiente monasterio serbio a lo largo de la Ruta Transrománica. Por el camino no dejaba de pensar en ella y recordar sus palabras.

Jardines del Monasterio de Zica

UCRANIA

31. Pecherska Lavra

En uno de mis viajes a Ucrania entré por el óblast ruso de Belgorod a la ciudad ucraniana de Járkov, y días más tarde alcancé Kiev. Allí me interesé en visitar en primer lugar el monasterio de las Cuevas, o Pecherska Lavra en lengua ucraniana.

La razón de mi interés por ese monasterio de las Cuevas fue que mientras estuve en Belgorod, unos amigos rusos, sabiendo cuánto me interesaban los lugares sagrados, me condujeron en su coche de sorpresa a la pequeña población de Jolki al ser ese el día de mi cumpleaños. Yo nunca hubiera podido imaginar que me llevarían a visitar un histórico monasterio que databa de principios del siglo XVII. Se llamaba Kholkovskiy Troitskiy Monastyr, y era el único monasterio con cuevas en toda la región de Belgorod.

¡Mis amigos no podían haberme hecho un mejor regalo!

El entorno natural era bello. Había capillas pertenecientes al monasterio sobre las colinas vecinas. Una guía nos mostró el interior de las cuevas con los frescos. Nos contó que durante la invasión de Jolki por los soldados alemanes durante la Segunda Guerra Mundial, los vecinos ocultaron las reliquias del monasterio y camuflaron las entradas a las cuevas, por eso no sufrió daños ni hurtos.

Pecherska Lavra en Kiev sería aún más sorprendente que el pequeño monasterio ruso de Jolki. Allí me uní a una excursión conducida por un monje por el laberinto de cuevas, que estaban vacías. Vimos los pequeños camastros de los monjes y los frescos con motivos religiosos pintados por sus paredes. No había luz eléctrica en ese complejo de cuevas subterráneas, por lo que el monje guía portaba con él una vela. Ese monasterio se erigió justo a mitad del siglo XI y fue el primero en el actual país de Ucrania. Su fundador fue un monje ucraniano, san Antonio de Kiev (también conocido como san Antonio de las Cuevas), que vivió como un asceta en una cueva frente al mar en el monasterio Esfigmenu, en el Monte Athos, antes de viajar a Kiev.

Me sentí pletórico al salir de esas cuevas. En cierto modo me recordaron a las iglesias de la ciudad subterránea de Kaymakli que había visitado años atrás en la Capadocia, Turquía, pero las cuevas de ese monasterio de Kiev constituían un sitio más sagrado.

Aunque le leyenda afirma que el apóstol Andrés evangelizó los hoy países de Rusia y Ucrania llegando hasta el río Dniéper, oficialmente fue en el año 988 cuando el príncipe Vladimiro I de Kiev, al casarse con la hermana de un emperador bizantino, viajó a Constantinopla, se bautizó y adoptó el cristianismo como religión de Estado para la "Rus de Kiev", que entonces comprendía los hoy países de Ucrania, Rusia y Bielorrusia.

Y aunque Kiev es una ciudad bellísima, como un cuento, mi mejor recuerdo de Ucrania lo constituyó ese monasterio de las Cuevas, pues en su interior sentí con fuerza su cualidad sacra.

ASIA

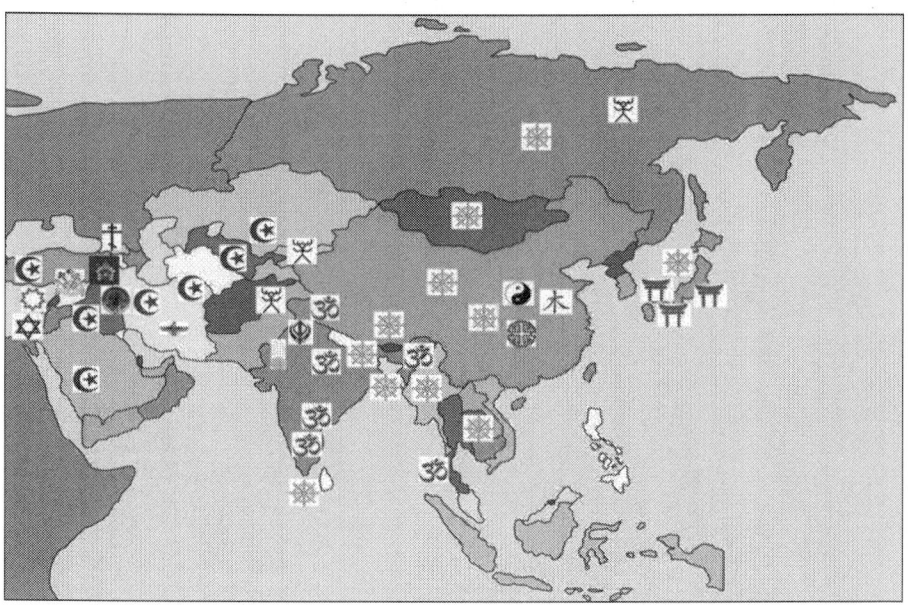

Asia es el continente que, con abismal diferencia, alberga más lugares sagrados del planeta, y es la cuna de las grandes religiones de la humanidad, entre ellas el judaísmo, el cristianismo, el islam, el hinduismo, el budismo, el shenismo, y aún otras de menor importancia, como el sijismo, el jainismo, el taoísmo o el confucionismo. Todos sus profetas o iniciadores de esas religiones son originarios del continente asiático, a excepción de Moisés, que nació en Egipto.

Actualmente se estima que aproximadamente el 25 por ciento de los asiáticos profesan el hinduismo, seguido a poca distancia por el islam y después por el budismo. El cristianismo ocupa el cuarto lugar en importancia, con alrededor de un 12 por ciento de fieles. El resto practica religiones minoritarias.

ARABIA SAUDITA

32. La Meca y Medina

Poso de noche ante la Mezquita del Profeta, en Medina

Mi visita a las ciudades santas musulmanas de La Meca y Medina la realicé en el año 2021, una vez que el Gobierno de Arabia Saudita abrió el país al turismo.

Hasta inicios del siglo XX todo "infiel" (no musulmán) que era sorprendido penetrando en esos dos lugares sagrados del islam, era linchado y ejecutado in situ.

El primer viajero no musulmán del que se tenga constancia de haber entrado en La Meca fue el aventurero y escritor italiano (de Bolonia) Ludovico de Varthema en el año 1503, camuflado como fiel en una caravana de peregrinos. Y el primer español no perteneciente a la religión de Mahoma fue el barcelonés Domingo Badía, quien, siguiendo órdenes de Manuel de Godoy para actuar como espía en el Medio Oriente, se caracterizó como un árabe y se hizo llamar Alí Bey, alcanzando La Meca en el año 1807.

Como yo venía del norte de Arabia Saudita, la primera de estas dos ciudades en la que entré fue Medina, quedándome en ella un día entero en casa de un amigo árabe, quien también había invitado a dos jóvenes viajeros alemanes. Por la noche, aconsejado por mi amigo, los dos alemanes y yo compramos una túnica local, que allí llaman thawb, que nos cubrió el cuerpo desde el cuello hasta los tobillos. Nuestra intención era entrar esa misma noche en la Mezquita del Profeta, la segunda más sagrada del mundo musulmán, tras la de La Meca. Pero al llegar a un control nos informaron que hasta las 2 de la madrugada no se permitía el acceso a su interior. En consecuencia, a la mañana siguiente lo intentamos de nuevo y esta vez sí que nos permitieron entrar en ella. Para mí fue un momento especial y sorprendente, pues nunca creí que fuera tan fácil introducirme en su interior.

Vi a numerosos fieles rezando, otros se tumbaban en las alfombras y leían el libro Corán, y hasta unos pocos hablaban o dormían. Las formas del interior me recordaron extrañamente a las de la mezquita de Córdoba, en España, hoy convertida en catedral católica.

Contemplé el exterior de la cúpula verde que alberga la tumba de Mahoma junto a los dos primeros califas, pero para acceder a ella se requería un permiso especial del que carecíamos.

Mi amigo árabe me explicó que Mahoma nació en el año 570 en La Meca. Su padre murió antes de su nacimiento y su madre falleció cuando tenía 6 años, por lo que fue acogido primero por su abuelo y después por uno de sus tíos. Cuidó ganado y posteriormente se hizo mercader uniéndose a una caravana a Damasco a cargo de una mujer rica y viuda llamada Jadiya, con la que se casó en el año 595.

Cuando murió Jadiya, en el año 619, Mahoma se volvió a casar numerosas veces. Se calcula que a lo largo de su vida Mahoma tuvo entre diez y veinte esposas legales, algunas de ellas cuando eran niñas menores de 10 años, con las que con el tiempo acabó teniendo hijos.

Mahoma era muy devoto del cristianismo y el judaismo. A partir del año 610 se retiraba con frecuencia a una cueva llamada Hira en las afueras de La Meca para meditar, y allí recibía revelaciones del arcángel Gabriel, que él luego dictaba a sus familiares y allegados para que las escribieran, pues Mahoma no podía hacerlo al ser analfabeto. Fue así como nacería el sagrado libro Corán.

La Meca en esos años era un importante centro comercial y religioso donde se ubicaba la Kaaba, un antiguo templo en forma de cubo negro que albergaba 360 dioses, uno por cada día del año lunar.

Mahoma y sus seguidores predicaron en La Meca el mensaje recibido por el arcángel Gabriel, mediante el cual afirmaban que no había 360 dioses sino uno solo, al que llamaban Alá, y Mahoma era su profeta. Pero los locales no lo aceptaron y hasta intentaron asesinar a Mahoma, por lo que este y sus fieles se vieron obligados a huir en el año 622 a la ciudad hoy llamada Medina, lo que fue el inicio de la Hégira (exilio) y del calendario musulmán. Por ello, el año 2021, cuando viajé a Medina y La Meca, corresponde al año 1443 del calendario lunar islámico.

Mahoma y sus seguidores atacaban a las caravanas que iban desde La Meca a Damasco, saqueando sus mercancías y matando a sus porteadores. Pronto se hizo dueño de la ciudad de Medina y expulsó a los judíos que la habitaban, matando a muchos de ellos. También organizó guerras contra La Meca, hasta que la llegó a conquistar. Una vez en ella ordenó destruir los 360 dioses de la Kaaba y mandó ejecutar a muchos de sus habitantes, en especial a los que previamente habían sido musulmanes pero renegaron de esta nueva fe. Finalmente impuso el islam y prohibió la entrada a La Meca a toda persona que no perteneciera a esta religión.

Mahoma murió en el año 632, probablemente tras ingerir carne envenenada. De todos los hijos tenidos con diversas esposas solo le sobrevivió su hija Fátima, habida con su primera esposa Jadiya.

Al morir Mahoma le seguirían cuatro califas:

- Abu Bakr fue el padre de la niña Aisha, quien a los 6 años de edad sería la esposa favorita de Mahoma.
- Umar Ibn al-Jattab fue el segundo califa. Era padre de la joven Hafsa, con la que se casó Mahoma.
- Uthmán Ibn Affán fue el tercer califa. Se casó con Ruqayya, que era una hija de Mahoma y Hadiya, y después con una segunda hija de Mahoma y Hadiya llamada Umm Kulthum.
- Alí Ibn Abi Tálib fue el cuarto califa. Era primo de Mahoma y a la vez su yerno, pues se casó con Fátima, su hija superviviente.

Alí sería acusado de haber provocado la muerte del tercer califa Uthmán. Finalmente, Alí fue asesinado.

A esos cuatro primeros califas se los conoce como "ortodoxos". Los que devendrían los sunitas siguieron escogiendo califas de diversos linajes, como el Omeya con capital en Damasco; el Abasí con capital en Kufa, luego en Bagdad y después en El Cairo; o el Otomano con capital en Estambul. También surgieron otros califatos independientes, como el Omeya de Córdoba, en España, que no fue reconocido por el Califato Abasí.

Por su parte, los denominados chiitas declararon a Alí su primer imán.

Aparte de la Mezquita del Profeta había muchos otros lugares históricos en Medina que hubiera deseado visitar, pero mi amigo árabe debía regresar ese mismo día a su pequeño palacio en Yeda (Jeddah), en el mar Rojo, prometiendo llevarnos a mí y a los dos alemanes en su coche a La Meca al día siguiente. Y los tres aceptamos complacidos, pues a todos nos emocionaba la idea de penetrar en La Meca y supusimos que yendo acompañados de un árabe nos sería más fácil que de intentarlo en solitario.

Yo ignoraba entonces que Medina era ya en esos tiempos una ciudad abierta a todo visitante, a excepción de la Mezquita del Profeta. Y otro tanto sucedía con La Meca, donde ya no se observaba a rajatabla la orden dada por Mahoma en el siglo VII de prohibir la entrada a todo "infiel". Deduje que si un visitante no musulmán es respetuoso con el islam podía libremente visitar ambas ciudades, y hasta penetrar en sus mezquitas.

Bien temprano a la mañana siguiente partimos desde Jeddah hacia La Meca. Por el camino íbamos todos exaltados, en silencio, ataviados con nuestros thawb. Al llegar a la plaza sagrada Haram nos informaron que la entrada a la Gran Mezquita de La Meca (Másyid al-Haram) estaba restringida para controlar la pandemia del COVID-19, y solo se podía acceder a ella mediante un permiso que había que solicitar con antelación.

Fue un duro golpe, pues todos deseábamos con vehemencia tocar la Kaaba, aunque el hecho de encontrarnos en esa plaza y ver el exterior de esa mezquita sagrada era ya un logro inesperado.

En el Haram vimos numerosos fieles vestidos con sus dos telas blanca, a manera de toallas, que habían llegado a La Meca para realizar el peregrinaje, llamado Hajj (Hach), que es uno de los cinco preceptos del islam, junto a la profesión de fe, la oración cinco veces al día, dar limosna a los menesterosos y el ayuno durante el mes musulmán de ramadán.

Nuestro anfitrión, al percibir nuestro aflicción por no poder acariciar la Kaaba, nos condujo a un hotel vecino llamado Makkah Clock Royal Tower, donde desde un piso superior se podía avistar la Kaaba a través de un gran ventanal, pero con tan mala fortuna que ese día estaban haciendo limpieza general y no pudimos ver la Kaaba.

Al cabo de unas 4 horas de estancia en La Meca regresamos a Jeddah moderadamente satisfechos por todo cuanto habíamos observado y aprendido.

Vista panorámica de la Mezquita del Profeta, en Medina

ARMENIA

33. Santa Sede de Echmiadzin

La Catedral Madre de la Sagrada Echmiadzin

Cuando, encontrándome en la estación de autobuses de Ereván, pregunté cómo ir a Vagharshapat, los nativos adivinaron de inmediato que quería visitar la Catedral Madre de la Sagrada Echmiadzin.

Por el camino divisé el monte Ararat, sagrado para los armenios pero localizado en territorio turco desde que les arrebataron la mayoría de territorios que Armenia poseía en la península de Anatolia.

Echmiadzin es para los armenios como el Vaticano para los católicos, Jerusalén para los judíos, o La Meca para los musulmanes.

Penetré en el recinto de Echmiadzin y observé cómo la gente rezaba con vehemencia. La catedral es la primera construida en el mundo cristiano. Todo en su interior era armonioso, bello. Los hombres se sacaban el gorro para entrar y las mujeres se cubrían la cabeza con un pañuelo. Sentí en mi interior que estaba penetrando en un lugar espiritual de máxima trascendencia; pero, a diferencia del Vaticano, en Echmiadzin apenas había visitantes, con lo cual la atmósfera solitaria invitaba al recogimiento y a la meditación.

Visité también su museo y el seminario, pero no entré en el edificio de la residencia pontificia del Patriarca supremo y Catolicós de todos los armenios.

En el exterior había tiendas que vendían como suvenires pequeños jachkares, entre otros objetos litúrgicos. Jachkar significa en armenio cruz de piedra y, en efecto, es una piedra de color rosado característica de ese país con una cruz labrada. Acabé comprando un jachkar de bolsillo.

El pueblo armenio ha emigrado a muchos países del mundo, como Rusia, Estados Unidos de América, Francia, Irán... y hasta Argentina. Como agradecimiento, el Gobierno de Armenia ha donado un jachkar a cada una de las ciudades donde vive una colonia considerable de armenios. En España, por ejemplo, donaron un jachkar a las ciudades de Alicante, Barcelona, San Sebastián y varias más.

Armenia fue el primer país en adoptar el cristianismo como religión de Estado, exactamente en el año 301, pero por sus características no forma parte de las iglesias ortodoxas, como son la rusa, la ucraniana, la serbia, la griega, etc. Según la tradición, fueron dos apóstoles de Jesucristo –Judas Tadeo y Bartolomé– quienes predicaron el cristianismo en Armenia. Debido a ello su nombre oficial es Iglesia apostólica armenia, y está integrada en el grupo de las iglesias ortodoxas orientales, junto a las de Egipto, Etiopía, Eritrea, Siria y a las llamadas sirio-malankara y sirio-jacobita, en la India.

Ese no era mi primer viaje a Armenia, sino tal vez el décimo, pues, gracias a dominar la lengua rusa, había trabajado como guía para turistas españoles en los años 80 del siglo XX, en tiempos de la Unión Soviética, tanto en Armenia como en la mayoría de las repúblicas que componían ese enorme país, tales como Georgia, Uzbekistán, Letonia, etc. En Armenia visitábamos monasterios tan espectaculares como los de Haghpat y Sanahin, o el de Khor Virap, con una vista extraordinaria del Monte Ararat.

El motivo de mi último viaje, ya en el siglo XXI, respondió a mi deseo de visitar otros sitios que no tenía programados Intourist, la entonces agencia oficial de turismo de la URSS. Fue así que, tras viajar al monasterio de Gandzasar, hoy en el territorio de Nagorno Karabaj (o República de Artsaj) para contemplar reliquias que se atribuyen a san Zacarías, escalé por unas horas en Echmiadzin para sentirme a solas, sin la presencia de turistas. Tras esa visita viajé a una ciudad que deseaba vivamente conocer: Gyumri.

34. Camposanto de Gyumri

Hallé la tumba del padre de Gurdjieff en Gyumri

Tenía un interés especial en viajar a la milenaria Guymri, pues el 7 de diciembre del año 1988 esa ciudad sufrió un siniestro terremoto que se llevó la vida de unos 50.000 de sus ciudadanos, además de producir muchos miles de heridos. Pues bien, yo llegué a la ciudad turca de Kars, a apenas 50 kilómetros de la armenia Gyumri, un día más tarde, justo el 8 de diciembre de ese 1988. En Kars hubo varios fallecidos por el terremoto y la ciudad estaba en alerta, lo que no impidió que las autoridades militares turcas me emitieran un permiso para visitar los lugares sagrados de Ani Harabeleri, a orillas del fronterizo río Ajurián, que dividía Turquía de la entonces República Socialista Soviética de Armenia.

La oportunidad de visitar Gyumri me surgió dos décadas más tarde, ya en el siglo XXI. Al llegar a esa ciudad me alojé en un hotel llamado Berlín, que había sido una donación del Gobierno alemán a Armenia para acoger a los ciudadanos que perdieron sus casas a causa del terremoto. Al lado de ese hotel había una policlínica que también había sido regalada a la ciudad por Alemania.

El director del hotel Berlín opinaba que las almas de esas 50.000 personas que murieron en un solo día aún deben seguir flotando por el cementerio y me aconsejó visitarlo para experimentar esa sensación si estaba interesado en los lugares sagrados, como le había contado.

Yo no le hice mucho caso pues me interesaba más el conocer otros aspectos de esa ciudad, como su famosa iglesia negra, monasterios, una fortaleza rusa redonda, como si fuera una plaza de toros, y acercarme a orillas del río Ajurián para avistar Turquía.

La primera parte de la mañana la empleé en explorar todos esos lugares previstos, además del fantástico museo Sergey Merkurov, nombre de un escultor nacido en Gyumri, que me pareció mágico por un fenómeno sobrenatural que observé en su interior y me hizo estremecer. Estaba instalado en un edificio de dos plantas parecido a un palacio encantado, y fue el antiguo hogar de Mercurov.

Muchos de los edificios de la ciudad aún seguían en ruinas, a pesar de que los armenios ricos que vivían en países extranjeros enviaron mucho dinero para la reconstrucción de la ciudad, entre ellos el cantante franco-armenio Charles Aznavour, a quien le habían levantado una estatua en el centro de Gyumri.

Al dirigirme a un restaurante folclórico, sito en las caballerizas del museo Merkurov, donde un grupo de músicos interpretaba temas con el duduk, o la flauta nacional armenia, para amenizar las comidas, justo pasé por el camposanto y algo sucedió que entré en él sin habérmelo propuesto, como si fuera empujado por manos invisibles. Como aún tenía tiempo para llegar al restaurante, me entretuve observando entristecido las tumbas dentro de rejas metálicas, muchas de ellas pertenecientes a niños. Fue cuando llegué a una de ellas que me llamó la atención ver en la lápida una frase escrita en ruso que me era familiar por haberla leído en un libro de viajes durante mi adolescencia, cuyo autor fue un viajero y místico griego-armenio llamado George Gurdjieff, nativo de la ciudad de Gyumri y primo del escultor Mercurov. Esa frase, traducida al español, decía:

"Yo soy tú, tú eres yo, él es nuestro, los dos somos de él. Que todo sea para nuestro prójimo".

En su libro, Gurdjieff ruega a sus lectores escribir esa frase como epitafio en la lápida de su padre. Y un lector ruso debió de hacerlo. Su padre había sido asesinado por los turcos en el transcurso de un pogromo.

Ese autor griego-armenio había creado una especie de "mantra" que encontré más poderoso que la frase "Señor, ten piedad de mi alma" utilizada por el autor del libro "El peregrino ruso", que había adoptado mi amigo ucraniano en el monasterio de Solovetsky. El mantra que proponía Gurdjieff era: "Yo soy". Afirmaba que al pronunciar la palabra "yo" algo dentro del plexo solar se sentía invocado, por lo que mientras se recitaba la frase uno no perdía conciencia de sí mismo ni extraviaba la mente en pensamientos parásitos. Aparte de ello, él predicó lo que denominaba "el cuarto camino", pues consideraba que hasta entonces existían tres: el faquir maneja su cuerpo para adquirir conciencia de su existencia; el yogui utiliza la mente, mientras que el monje se vale de los sentimientos. Según él, el cuarto camino abarca y combina los otros tres de manera astuta a su conveniencia según las circunstancias.

Gurdjieff comparaba al hombre con un carruaje tirado por caballos. El carruaje simboliza el cuerpo físico; los caballos a los sentimientos; mientras que el cochero que conduce el carruaje representa la mente. Y en el interior del carruaje estaba instalado el dueño, el amo del carruaje, que ordena a su empleado, el cochero, adónde debía dirigirse, y este obedecía conduciendo los caballos que empujaban el carruaje. Era el dueño el que dominaba el carruaje, no el cochero ni los caballos, por ello Gurdjieff propugnaba esforzarse para hallar armonía entre el carruaje, los caballos y el cochero, sin que ninguno predomine sobre los demás y los tres al unísono estén subordinados al dueño, que es el verdadero Yo.

Gurdjieff, para adquirir conocimientos sobre la naturaleza humana, viajó durante 20 años por lugares místicos de África, como son los monasterios de Etiopía, y también a las pirámides y a la Gran Esfinge de Guiza, en las afueras de El Cairo, Egipto, y en particular exploró Asia penetrando como un peregrino en La Meca, o alcanzando un monasterio oculto sufí en las fuentes del río Panj, en Tadjikistán. También nutrió su ser con las enseñanzas de los derviches naqshbandi en Bujará, Uzbekistán.

Tras esa visita me dio tiempo a almorzar en el restaurante tradicional y de conocer personas notables de Gyumri relacionados con la historia de Armenia, que me enriquecieron de conocimientos.

Al día siguiente, tras agradecer la hospitalidad al personal del hotel Berlín, tomé un minibús hacia Tbilisi, en Georgia.

Etchmiadzin me emocionó, pero la visita a Gyumri fue más profunda y perduró más tiempo en mi memoria.

La famosa iglesia negra de Gyumri

AZERBAIYÁN

35. Ashabi Kahf

Mezquita en la montaña sagrada de Ashabi Kahf

La experiencia sacra que me impactó más durante mis viajes a Azerbaiyán me ocurrió en el territorio de Najichevan, empotrado entre Turquía y Armenia.

Entré en ese enclave de Najichevan desde Turquía. Al llegar a su capital, también llamada Najichevan, comprobé desde el primer día que todos los extranjeros eran controlados, pues policías de paisano me pidieron varias veces por la calle ver mi pasaporte, y hasta me prohibieron hacer fotografías a lugares fronterizos con Irán.

Durante cuatro días visité lo más notable de ese territorio, como el imponente mausoleo de Momine Khatun (de 25 metros de altura), el mausoleo atribuido a Noé, las mezquitas de la aldea de Qarabaglar o los mercados principales.

El tercer día era el fin del ayuno del sagrado mes musulmán de ramadán, un día festivo que los musulmanes llaman Eid al-Fitr, lo que significa "banquete de caridad", y es el más querido para ellos, comparable a las Navidades para los cristianos.

Por la mañana estaba comprando fruta en el bazar cuando un vendedor de sandías me sugirió:

—¿Por qué no vas a la montaña sagrada de Ashabi Kahf? Un hadiz del Profeta cita esa montaña, la más espiritual de Azerbaiyán. Cuando acaba el ramadán es tradición peregrinar a ella para celebrar el Eid al-Fitr. Está a 15 minutos en coche desde aquí, en dirección a Irán. Participarán en el Eid al-Fitr miles de personas provenientes de Najichevan, Irán, Turquía y hasta de Bakú, para rezar al Creador, y sacrificarán corderos para ser comidos en buena armonía y hermandad.

Ese frutero me convenció. Tras pagarle la rodaja de sandía salí a las afueras de la ciudad y comencé a hacer autostop hacia ese lugar, pues no había autobuses hacia allá. Como pasaban muchos coches no tardé en ser llevado a la montaña santa.

Por el camino observé a mi derecha una montaña de forma inusual, con una especie de triángulo en el centro de la parte superior, como formando una letra "M". Pregunté al conductor por ella, y me contó:

—Es la montaña Ilandag, que significa Montaña Serpiente, con una altura de unos 2500 metros. Los iraníes y azeríes creemos que fue en esa montaña, sobre la cuña que formó la quilla del arca, donde atracó Noé tras el Diluvio Universal, y no en el Monte Ararat.

Al llegar a una planicie donde aparcaban los coches vi una portentosa montaña con escalones que te conducían hasta la cima. Era Ashabi Kahf. Vista desde abajo la montaña parecía llegar hasta el cielo.

En el suelo de la falda de la montaña muchas familias de azeríes estaban instaladas sobre alfombras, preparando un festín. Vi docenas de corderos que los sacrificaban allí mismo. Un imán gritaba en árabe antes de cada sacrificio:

—¡Bismi Allahi al Rajamani al Rahim!

E inmediatamente un buen mozo con aspecto de bruto asestaba un tajo de daga al cuello del pobre cordero, hasta que se desangraba por completo, y a continuación le cortaba la cabeza, que lanzaba al suelo. Un incesante reguero de sangre corría por la falda de la montaña, alcanzando la carretera.

Había unas parrillas donde se preparaban pinchos morunos con tomates y cebollinos.

Todas las mujeres lucían coloridas vestimentas. Algunas de ellas, las que portaban chador, eran azeríes, pero venidas desde Irán para participar en esa fiesta anual.

Comencé a ascender por los escalones que me conducían a la cima de la montaña junto a muchos hombres y mujeres. A medida que subíamos, los peregrinos intensificaban la marcha a los gritos de "¡Alá, Alá!".

A mitad de camino observé sobre el lado izquierdo una mezquita encajada sobre un vericueto de la montaña. La mayoría de los hombres se quedaba en ella para realizar las abluciones y luego rezar, mientras que las mujeres seguían subiendo hasta alcanzar una gran gruta.

Observé que en el interior de esa gruta se introducían solo mujeres, de entre los dieciséis a los cuarenta años. Las niñas y las mujeres viejas se quedaban afuera, esperando. Yo no sabía qué hacer. No había ningún hombre alrededor. No quería ser irrespetuoso, pero por otra parte me moría de curiosidad por saber qué hacían esas mujeres allí dentro.

Titubeé por unos minutos, hasta que la curiosidad pudo más que el pudor y penetré en esa cueva, que estaba muy fría. Lo que vi me dejó atónito.

Allí dentro se hallaban sentadas sobre una rampa y por los suelos decenas y decenas de mujeres que esperaban con los brazos cruzados y encogidas, debido al frío, mirando al techo. Así podían permanecer estoicamente durante horas; mientras tanto recitaban a coro letanías del Corán.

De pronto, a una de ellas le cayó una gota de agua sobre la cabeza, y exclamó: "¡Alá es grande!" Y acto seguido se introdujo por un estrecho túnel dentro de la cueva, gateando. A las más rollizas les costaba penetrar en él, pero siempre había una mujer que les ayudaba empujándolas por detrás.

Luego, al cabo de unos minutos, reapareció por la otra parte del túnel, sonriente, satisfecha hasta el éxtasis. Volvió a exclamar:

—¡Pero qué grande es Alá, madre mía!

Y bajó gozosa para reunirse con su marido, que la estaba esperando orando en la mezquita incrustada en el vericueto de la montaña, y ambos descendieron felices, sonriendo de una manera contagiosa hasta la falda de la montaña para participar en el banquete de Eid al-Fitr junto a sus familiares y allegados.

Contemplé asombrado esa extraña costumbre varias veces, y como a mí no me cayó ninguna gota, no me aventuré a introducirme por el estrecho túnel, así que salí al exterior de la cueva.

Le pregunté a un azerí sobre ese extraño comportamiento de las mujeres, con tan mala pata que ese hombre era un policía secreto. Tras solicitar ver mi pasaporte y preguntarme molesto por qué había ido allí, acabó explicándome lo siguiente:

—Esa cueva es llamada de los milagros y en ella solo entran las mujeres que desean quedarse embarazadas. Se quedan sentadas en el interior de ella hasta que les cae una gota de agua sagrada sobre la cabeza, y es entonces que dan gracias a Alá e inmediatamente completan la ceremonia pasando por el túnel. Según las estadísticas, al cien por cien de esas mujeres a quienes les cae una gota de agua bendita Alá les recompensa por su fe y todas dan a luz a un hijo al cabo de nueve meses. Las más jóvenes suelen ser solteras y en lugar de solicitar a Alá tener un hijo le piden encontrar un marido. Y Alá, que es magnánimo, se los concede.

Me quedé escéptico, inclinándome a creer que esas gotas eran más bien producto del vapor producido por la concentración de tanta masa humana. También podría ser que el agua de la lluvia penetrara por los resquicios de la montaña hasta alcanzar la gruta.

Según ese hombre, esa montaña guarda una leyenda que me recordó al milagro de san Virila en el Monasterio de Leyre, Navarra. El agente secreto me contó:

—Has de saber, extranjero, que en los tiempos del Profeta tres hombres buenos hicieron un largo viaje para llegar a esta sagrada montaña de Ashaba Kahf. Estaban muy cansados y se acostaron para dormir. Cuando se despertaron les entró hambre y caminaron hasta la aldea más cercana para comprar comida en el zoco, pagando con sus monedas. Cuando el vendedor vio las monedas, entró en shock, pues esas monedas ya no eran de curso legal desde hacía tres siglos. ¡Esos tres hombres habían estado durmiendo durante 300 años! Tras comer regresaron a Ashaba Kahf extrañados de que el dinero y las gentes fueran diferentes, y rezaron a Alá para que les convirtiera en piedras porque no entendían lo que había sucedido. El Todopoderoso, en su misericordia, les hizo caso y los transformó en tres piedras. Esas piedras están en esa montaña. Tú debes subir y recibir la bendición de Alá. El que tiene corazón puro y un alma limpia distingue las caras de esos tres hombres en las piedras.

Tras esta explicación, el agente secreto desapareció entre la multitud de peregrinos y ya no le volví a ver más.

Descendí a la falda de la montaña. Cuando me vieron pasear, unas familias me preguntaron algo en azerí que no comprendí, y les respondí en ruso que era español. Ellos entonces exclamaron llenos de asombro:

—¡Oh, eres español, qué bien! ¡Haznos el honor de unirte a nuestra mesa!

Me descalcé y me puse en cuclillas sobre la alfombra para participar en el convite, donde no faltó de nada.

Cuando se puso el sol regresé a mi hotel en Najichevan.

Esa fue la experiencia más sorprendente que había experimentado en un lugar sagrado de Azerbaiyán.

BANGLADESH

36. Aggameda Khyang

El monasterio budista Aggameda Khyang

Llegué a Daca, la capital de Bangladesh, procedente de la India tras una larga y agónica navegación de 48 horas en un barco por los llamados sundarbans (bosques de manglares).

Una vez en esa ciudad me quedé sorprendido por la enorme cantidad de bici-taxis, o "rickshaws", que circulaban por el centro; nunca en mi vida había visto tantos juntos.

Durante varios días visité diversas mezquitas para familiarizarme con la cultura local, buscando entre ellas las más sagradas.

Paradójicamente, la impresión más profunda que guardo de Bangladesh fue la que me proporcionó un monasterio budista en la ciudad de Cox's Bazar, cerca de la frontera con Myanmar.

El budismo es la cuarta religión con más practicantes en el mundo (tras el cristianismo, el islam y el hinduismo). Se divide en tres ramas principales:

- Theravada, cuyo nombre significa "Doctrina de los Ancianos", es seguida por cerca de un 40 por ciento de budistas en el mundo, en especial en Sri Lanka, sur de la India, Tailandia, Myanmar, Vietnam y otros países del sureste de Asia.
- Mahayana, o "Gran Vehículo" cuenta con alrededor del 55 por ciento de adherentes budistas, principalmente en el norte de la India, Nepal, China, Corea y Japón.
- Vajrayana, o "Vehículo del Diamante" (o también "Vehículo del Rayo"), que con el budismo tibetano se puede considerar una desviación Mahayana, atrae a algo más de un 5 por ciento de budistas entre el Tíbet, Mongolia y varias repúblicas de Rusia.

Tras conocer Daca y Chittagong viajé en autobús a Cox's Bazar junto a un médico birmano que se dirigía al antiguo Reino de Arakán, en Myanmar. Yo le quise acompañar a ese reino legendario, o al menos intentar llegar a él si las autoridades fronterizas me lo permitían, a pesar de que carecía del visado para Birmania, que en esos tiempos era el nombre del actual país de Myanmar. Al llegar a Cox's Bazar entramos en el monasterio Aggameda Khyang, de tradición Theravada, para pasar la noche, pues mi compañero era budista y me invitó a dormir sobre esteras en una celda del monasterio junto a los monjes.

Era un monasterio muy atractivo, databa de los primeros años del siglo XIX y estaba situado en las faldas de una colina. Su interior albergaba innumerables estatuas de bronce representando a Buda, además de manuscritos antiguos budistas de gran valor.

Por lo que aprendí, ese monasterio es centro de peregrinaje y es visitado anualmente por unos 400.000 budistas que viven por los alrededores, siendo casi todos de origen birmano.

Esa misma noche, tras la cena, recibí una lección magistral por parte del maestro, un hombre de unos 70 años llamado Sayadaw. Al explicarle que era viajero, él clavó sus ojos sobre los míos y me preguntó a bocajarro:

—Viajar por viajar carece de importancia; un viaje solo tiene sentido cuando se encuentra algo valioso. ¿Qué has encontrado tú de valor en tus viajes?

Esa pregunta imprevista me dejó muy incómodo. Tenía entonces 35 años y todavía no era un viajero experto. En otras ocasiones me habían preguntado qué era lo que había aprendido durante mis viajes, y yo, para salir del paso, siempre contestaba que había aprendido Geografía, mucha Geografía. Pero ante la pregunta de qué había encontrado, mi mente se quedó en blanco y me quedé callado. Al final tuve que admitir que seguía buscando, pero que aún no había encontrado nada de valor que me hubiera ayudado a elevar el ser. No obstante, el maestro pareció satisfecho por mi sinceridad.

Comprendí entonces que en el futuro no debería viajar al tuntún, sin miras altas, sino esforzarme por no desperdiciar ni un segundo de mi vida en actividades fútiles, procurando siempre encontrar algo valioso en lugares sagrados que me ayudara a comprender el significado de la existencia y a resolver una simple pregunta: ¿por qué estoy aquí?

Esa noche tardé en dormirme pensando sobre esa charla con el maestro Sayadaw, y me reprochaba haberme quedado callado. ¿Por qué no le dije que había encontrado lugares sagrados que me habían despertado fibras del alma? Antes de entrar a Bangladesh llevaba casi un año recorriendo la India, visitando sus monasterios y ashrams principales para intentar aprender a elevar el ser. Y mientras la mayoría de los viajeros extranjeros que me encontré en la India buscaban parques naturales para ver tigres y elefantes, o contactar con tribus ignotas, o disfrutaban en las playas de Goa y Kerala, el leitmotiv de mi viaje por ese país, la libido que me motivaba a explorarlo en profundidad, era la búsqueda de lugares sagrados.

Pero la imponente presencia del maestro y la autoridad que me provocó hicieron que no me salieran las palabras.

Cuando dos días más tarde abandonamos ese monasterio, al llegar a la última población bangladeshí, Teknaf, tuve que retroceder estando a punto de abordar una barca sobre el río fronterizo, llamado Naf, cuando los soldados birmanos avisaron a los bangladeshíes que no me permitieran cruzar el río.

CHINA

37. Palacio de Potala

Poso ante el Palacio de Potala

Llegar a la mítica Lhasa, la capital del Tíbet, significó un gran logro viajero. Las gentes en esa ciudad eran muy religiosas y rodeaban a diario el monasterio de Jokhang y el palacio de Potala varias veces; cada pocos pasos se postraban en el suelo asiendo en una mano una especie de carraca llamada "mani", y exclamaban: "Om Mani Padme Hum" (Gloria a la joya que mora en el interior del loto).

Los dos primeros días tuve que caminar despacio para adaptarme a la altitud, y solamente el tercero resolví visitar el magnífico palacio de Potala, nombre inspirado en la mítica montaña Potalaka, supuestamente localizada en el estado de Tamil Nadu, al sur de la India, que era el hogar del "bodhisattva" Avalokiteshvara, el Buda de la compasión.

Bodhisattva, como me explicarían en ese palacio, significa el que se ha embarcado en el sendero de Buda y que, tras adquirir el estado de iluminación, se reencarna continuamente para ayudar a la humanidad a alcanzar el mismo estado que él disfruta. De hecho, la palabra Buda significa "el iluminado".

Había estudiado que el budismo tibetano lo forman cuatro escuelas principales:

- Nyunma: "Los Ancianos", o de los Gorros Rojos. Fundada el siglo VIII
- Kagyu: "Transmisión Oral", o de los Gorros Negros. Fundada el siglo XI
- Sakya: "Tierra Gris", o de los Gorros Blancos. Fundada el siglo XII
- Gelug: "El Camino de la Virtud", o de los Gorros Amarillos. Fundada el siglo XIV

La escuela más popular en el Tíbet es la Gelug, o Gelugpa, a la que pertenecía el palacio de Potala. Todas estas escuelas creen en la reencarnación y cuando muere su dirigente los astrólogos investigan el lugar donde se ha podido reencarnar. La escuela Gelugpa, además del Dalái Lama, también considera importante al Panchen Lama, que es la segunda autoridad religiosa tibetana. El líder espiritual de los Nyunma es llamado Mindrolling Trichen; el de los Kagyu es Karmapa; el de los Sakya es Sakya Trizin; el de los Gelug es Dalái Lama.

El budismo tibetano tiene su origen en Padmasambhava, o Guru Rinpoche, nacido en la India, que fue quien introdujo el budismo en el Tíbet.

Curiosamente, los budistas de las escuelas Nyunmapa, Kagyupa y Sakyapa no sienten simpatía por los Gelugpa, de quienes dicen estar demasiado interesados en el poder y en el dinero.

Al comprar el boleto y entrar en ese majestuoso palacio, que data del siglo XVII, uno pronto pierde el sentido de la orientación y del tiempo; se atraviesan numerosos corredores y salones, como el del dormitorio del Dalái Lama, y a veces todas las habitaciones te parecen iguales. Hubo momentos en los que no sabía en qué sala me encontraba y tenía que preguntar a las amables mozas que vigilaban el palacio para que me ayudaran.

Cuando estuve saturado –y hasta mareado– de contemplar tantos thangkas (tapices de seda) y murales con dibujos atractivos, estatuas, tesoros y columnas pintadas, subí al terrado para despejarme y, de paso, disfrutar del precioso panorama que se abría ante mis ojos. Al salir del palacio de Potala ya era media tarde; había pasado allí dentro casi todo el día sin darme cuenta; se me había pasado el tiempo volando. Me sentía exaltado por tan fabuloso palacio que acababa de conocer.

Solo una semana pasé en el Tíbet debido a que las autoridades chinas no me permitieron viajar en solitario a dos lugares fuera de Lhasa que deseaba conocer: el sagrado Monte Kailash –de donde fluyen los ríos Ganges, Indo, Sutlej y Brahmaputra–, más la cueva del místico Milarepa. Para visitar estos dos lugares era obligatorio contratar los servicios de una agencia de viajes, alquilar un vehículo con conductor e ir acompañado de un guía local, algo que no me pude permitir económicamente, lo cual lamenté. En mi adolescencia había leído en un libro una sentencia atribuida a Milarepa que me motivó a apreciar más la vida. Más o menos, venía a decir: "Nacer en un cuerpo humano es más extraordinario que una estrella brillando de día", la cual me había cautivado de tal manera que deseé visitar esa cueva, a cuya entrada se erigió un templo budista.

No obstante, el haber experimentado la atmósfera sagrada de Lhasa y sus gentes, más la visita al palacio de Potala, hizo que sintiera que me había enriquecido interiormente.

38. Monasterio de Kumbum

El interior del monasterio de Kumbum

Viajé al monasterio de Kumbum, también llamado Ta'er, para seguir las huellas de una viajera francesa, Alexandra David-Néel, que fue la primera mujer europea en penetrar en el Tíbet, el año 1916, aunque Lhasa solo la alcanzaría en el año 1924, disfrazada de monje mendigo junto a su ahijado, un joven monje de Sikkim.

Fue precisamente tras su permanencia en Kumbum durante 2 años estudiando la lengua tibetana cuando Alexandra y su ahijado emprendieron el viaje a pie, hasta llegar a Lhasa en febrero de 1924, tras cuatro meses de marcha. En esa ciudad permaneció dos meses.

Kumbum se ubicaba en las afueras de una población llamada Lasher. Al parecer, los extranjeros debían comprar un billete para visitar Kumbum, pero no vi el puesto de venta y nadie me detuvo cuando crucé el gran arco de entrada al monasterio.

Tras ese gran arco se encontraban numerosas ruedas de plegarias de forma cilíndrica y, un poco más allá, en una amplia explanada, se erguían ocho imponentes chortens, o estupas.

Durante unas tres horas recorrí todo el complejo y los templos sobre las colinas, todo lo cual daba la sensación de ser un pequeño pueblo, espectacular, bello y, sobre todo, exótico.

Antes de la Revolución Comunista en China de 1949 habitaban ese monasterio casi 4000 monjes tibetanos, pero durante mi visita solo vivían en él unos 400.

Tanto ese monasterio de Kumbum como varios otros de los alrededores, así como el poblado vecino donde nació Tenzin Gyatso (el XIV Dalái Lama), se localizan en la antigua provincia tibetana de Amdo, hoy en la actual provincia china de Qinghai.

En el territorio de ese monasterio, que es uno de los más sagrados del mundo tibetano, había nacido en el siglo XIV Tsongkhapa, el fundador de la secta Gelugpa, o de los Gorros Amarillos. La entrada a muchos pabellones y templos estaba prohibida a los extranjeros, o al menos a los no budistas. Letreros en tibetano, chino, coreano, japonés e inglés así lo indicaban. Por si algún extranjero no entendía esos cinco idiomas, o no sabía leer, un policía en la puerta se encargaba de que ningún intruso indeseado penetrara en esos lugares. "Closed to visitors" y "No entry" eran los letreros más comunes en muchos templos. En otros sitios no permitían las fotografías.

No obstante, visité los lugares más remarcables, como la estatua de Tsongkhapa, el Árbol Sagrado, el Templo de la Longevidad, la Sala del Kalachakra, etc.

Tenía la intención de pernoctar en ese monasterio, y para ello entré en el dormitorio para los monjes en tránsito, pues suponía que allí había estado Alexandra. Lo localicé y subí al primer piso. Pero al poco rato una mujer al cargo me hizo bajar, y ya en la recepción me informaron que no me podían admitir por no ser tibetano, a pesar de que unos monjes me habían confirmado poco antes que a veces sí aceptan extranjeros. Insistí varias veces en la administración pero la respuesta siempre fue la misma. Además, nadie, absolutamente nadie, sabía sobre la estadía de Alexandra y su ahijado en Kumbum. Entré entonces en el dormitorio de los monjes ancianos y pregunté si sabían que unos 100 años atrás había vivido en ese monasterio la francesa Alexandra David-Néel, pero ni siquiera ellos habían jamás oído hablar de ella.

Me pareció muy extraña esa ignorancia, pues Alexandra escribió en uno de sus libros acerca de Kumbum. Esperaba encontrar ese libro en la librería del monasterio, pero no lo tenían.

Por otra parte, existían libros críticos aparecidos tras la muerte de Alexandra donde se dudaba de la veracidad de sus relatos, pues algunos más bien parecen novelas fantásticas, y en ellos se describen poderes extraordinarios, casi inverosímiles para un europeo, de los monjes tibetanos, como la levitación, el correr casi volando con el viento, el provocar un calor desmesurado dentro del cuerpo humano para soportar las frías temperaturas del Himalaya, o crear con la mente un ser conocido como "tulpa", tipo ángel de la guarda pero en negativo, que se materializa a veces y te incordia, como cuenta que le sucedió la propia Alexandra, y ella lo tuvo que destruir. En otro de esos libros críticos, una ex secretaria de Alexandra califica de superchería y montaje una foto donde Alexandra aparece frente al palacio de Potala.

Como era la hora del almuerzo, unos monjes me invitaron a acompañarlos a la cocina, donde me fue servida carne de yak. Yo ya sabía que los monjes budistas tibetanos no son vegetarianos, pues hay un dicho que afirma que un tibetano sin carne no es un tibetano feliz. Pero ellos mismos cortaban la carne, acto que no delegaban en, por ejemplo, una persona de fuera del monasterio o de otra religión.

Repetí dos veces el plato de carne con verduras y una especie de pasta que me sirvieron, de lo rico que estaba.

Finalmente, cuando empezó a oscurecer hube de abandonar el monasterio, ya que no fui aceptado para pernoctar en él, aunque mi visita no fue vana gracias a haberme relacionado con los monjes, haber aprendido un poco más sobre su vida cotidiana monacal y, en especial, por haber estado en el preciso lugar donde nació ese reformador del budismo tibetano que fue Tsongkhapa.

39. Monte Song

Monjes jóvenes practicando Kung fu en el monasterio de Shaolin

Viajé a la ciudad de Denfeng por encontrarse en las faldas del monte Song (o Songshan), que es sagrado para los taoístas, y quería saber algo más acerca de esta religión china.

Acababa de visitar en Beijing un templo taoísta llamado Baiyun Guan (Nube Blanca), donde había aprendido que el monte Song constituye el centro de otros cuatro montes sagrados taoístas señalando los cuatro puntos cardinales.

Se atribuye al legendario filósofo Lao-Tze (nombre que significa "viejo maestro") la autoría del libro Tao Te King (el Libro del Camino de la Virtud), que escribió el siglo VI antes de Jesucristo, y que constituye la base del taoísmo, religión que enseña a vivir de manera armoniosa amando todo lo que existe.

En las afueras de Denfeng hallé el monasterio taoísta que buscaba, llamado Zhongyue. Allí no había ningún extranjero; todos los visitantes y peregrinos eran chinos. Tampoco vendían recuerdos en la entrada, ni te hacían fotos junto a un Lao Tse de cartón. Hice amistad con unos monjes que allí vivían y me sorprendió que usaran teléfonos móviles; tenía el concepto de que los monjes deberían observar una vida menos "mundana".

Uno de los monjes me condujo a ver la estatua de Lao-Tze, pues de no ser por él yo no habría sabido reconocerla entre las decenas de efigies del templo principal. Al quedarme solo, la acaricié. Al salir, el monje, que me había estado esperando, me dio una lección para aprender a caminar de manera consciente y la manera de cruzar las manos para lograr armonía interior sin que tus pensamientos se extravíen de manera vana. Fue todo muy didáctico y se lo agradecí.

Como no podía quedarme allí a dormir, acabé caminando a otro monasterio a las faldas del monte Song que había advertido. Se trataba del monasterio de Shaolin, famoso por una serie de televisión que yo veía en mi adolescencia, llamada Kung fu, acerca de un monje de Shaolin que viaja a los Estados Unidos en busca de su medio hermano.

El monasterio de Shaolin se considera el origen del budismo Chan, o Zen en Japón, una rama del budismo Mahayana. Fue fundado por Bodhidharma, un monje sabio que habría nacido el siglo V en el estado de Tamil Nadu, al sur de la India. Los chinos lo conocen como De Mo. Una estatua representándole se hallaba cerca del hotel Zen, donde alquilé una habitación para pasar dos noches. A Bodhidharma se le muestra con la cara oscura, la barba negra y un aro en una oreja.

Por los alrededores del templo principal observé cómo centenares de aprendices a monjes practicaban el Kung fu dando gritos y pegándose mamporros en el lomo y en las costillas; algunos formaban torres humanas.

El defecto que encontré en el monasterio de Shaolin fue la exagerada comercialización, con tiendas en la entrada vendiendo suvenires, fotos donde uno tenía que asomar su cabeza por un agujero en un cartón donde aparecía Bodhidharma, ventas de espectáculos de Kung fu, restaurantes ofreciendo comidas Zen, etc.

Aunque el nombre del monasterio budista de Shaolin es más "glamuroso", lo que en él viví pronto lo olvidé, pero las lecciones del monje de Zhongyue perduraron.

Acaricio la efigie de Lao-Tze en Zhongyue

40. Templo de Shennong en Zhuzhou

Desde la estación de tren de Changsha, la capital de la provincia de Hunan, abordé un autobús a la ciudad de Zhuzhou, y de allí inicié una caminata de una hora hasta alcanzar el objetivo de mi viaje: el templo de Shennong.

Hube de atravesar una plaza donde se hallaba erguida una estatua de 20 metros de altura en honor a Shennong, a quien se le representaba con dos cuernos de toro sobre su cabeza y su estómago transparente.

Según la mitología china, Shennong habría nacido unos 5000 años atrás y sería uno de los Tres Augustos y Cinco Emperadores que regentaron China entre los siglos XXIX al XXI antes de Cristo.

Los Tres Augustos eran semidioses: Fuxi era mitad hombre y mitad serpiente, Suiren inventó el fuego, mientras que Shennong es denominado el "Divino Granjero" por haber enseñado a los chinos las técnicas de la agricultura, a distinguir centenares de plantas medicinales, a consumir el té, y se le atribuye haber inventado los aperos de labranza.

A veces se confunden los augustos y los emperadores y, debido a ello, una vez Shennong es tomado por augusto y otra, por emperador. Entre esos ocho personajes también había un semidiós del agua, el Emperador Amarillo, y la semidiosa de la reproducción, que era la hermana y esposa del semidiós Fuxi.

La religión autóctona china, el shenismo (palabra derivada de "shen", que significa Dios o espíritu), se toma muy en serio la existencia de Shennong, hasta tal punto que sus seguidores le han construido un mausoleo en Luyuan, a unos 150 kilómetros al sur de Zhuzhou, donde afirman que murió. Hoy la ciudad de Zhuzhou es sagrada para los que practican la religión china shenismo, basada en el culto a los antepasados y en el sincretismo de elementos de las doctrinas budista, taoísta y confucionista.

La mitología china afirma que en un principio solo había una masa vacía en el universo, hasta que unos 2 millones de años atrás los elementos del yin y del yang se fusionaron en ella produciendo la eclosión de un huevo del que surgió Pangu, que fue el que creó el mundo dividiendo el yin y el yang; el planeta Tierra es el yin y el cielo es el yang. Cuando Pangu murió su respiración se transformó en viento; su voz, en trueno; su cuerpo, en montañas; de sus cabellos aparecieron los bosques, de su sangre nacieron los ríos, y así con todos los atributos de su anatomía. Finalmente, de los piojos que moraban en su cuerpo surgieron los animales y, entre ellos, el hombre.

Su mitología también da cuenta de un diluvio universal, y en su panteón hay un grupo de ocho inmortales (siendo uno de ellos hermafrodita), un salvador de los muertos, un emperador de jade, un dios del mar, un demonio maligno del agua y hasta un dios de la cocina.

Subí unos escalones con una alfombra de color rojo para acceder al templo de Shennong y de los demás augustos y emperadores mitológicos. Delante del primer escalón se advertía que había que descalzarse, lavarse las manos y comprometerse a no escupir, no fumar, no tocar las imágenes y no llevar material explosivo, condiciones que yo cumplí a rajatabla.

Una vez arriba, entré en el altar y de inmediato fui amonestado por unas fieles por haber penetrado inadvertidamente en un recinto que está solo permitido a las mujeres. Pedí perdón y volví al sector de los hombres. Había muchos chinos realizando rituales y quemando incienso, aunque noté que todos pasarían de los 50 años; no vi a ningún joven en ese templo. En el interior del altar y en templos anexos observé diferentes estatuas de tamaño natural; casi todas representaban semidioses blancos, excepto la del Emperador Amarillo y otra de color negro que supuse sería Heidi, el dios oscuro y misterioso al que también adoran los taoístas.

Tras esa visita me dirigí a pie a la estación de tren de Zhuzhou y compré un billete con destino a otro lugar sagrado chino.

41. Esculturas rupestres de Dazu

Una de las lecciones de viajes que más me impactó en China fue la que me ofrecieron las esculturas rupestres de Baoding Shan (Shan significa "montaña" en chino) en Dazu, en el municipio de Chongqing. Esas esculturas, con representaciones de la religión budista en su variante tántrica, taoísta y confucionista, están ubicadas en una garganta de unos 2 kilómetros de longitud en forma de letra U, y me conmovieron de tal manera que casi se me saltaban las lágrimas al admirar algunas de ellas. Allí había sabiduría labrada en piedra.

El autor de su parte final fue el monje Zhao Zhifeng, quien en el siglo XII había trabajado en esa garganta durante 70 años, y deduje que habría alcanzado el estado de "iluminación".

El budismo, más que una religión es una serie de técnicas para elevar el ser desde el estado de bípedo implume en el que nacemos hasta aprender a vivir correctamente y conseguir eclosionar el alma.

Durante todo ese día contemplé el complejo de estatuas a lo largo de una garganta con unos corredores de más de 2 kilómetros de longi-

119

tud, albergando unas 6000 estatuas. Me iba deteniendo de vez en cuando tomando notas y leyendo los letreros de las esculturas, y ante algunas me paraba por unos minutos para tratar de comprender su significado. Aquello era asombroso, una escuela de sabiduría a cielo abierto para comprender mejor la naturaleza humana.

Las esculturas que más me conmovieron fueron las de la Gran Rueda de la Vida, la piedad del Buda Shakyamuni (otro nombre de Buda, o Siddhartha Gautama), el nicho de los seis animales que simbolizan los seis sentidos del ser humano y dependen del corazón (vista, oído, olfato, tacto, gusto e intuición), la compasión del bodhisattva Avalokiteshvara de los 1000 brazos, los tres santos representando los tres valores de la escuela budista Huayan, que es una variante de la Mahayana, y un largo etcétera.

La figura de la Gran Rueda de la Vida (o el ciclo de la reencarnación, que los budistas tibetanos conocen por la palabra sánscrita de Bhavacakra) me llamó mucho la atención y ante ella pasé no menos de 30 minutos, pues resumía la doctrina budista del karma. En la parte superior de la rueda se encontraba el demonio Mara sosteniendo con sus mandíbulas y sus garras la rueda, que simbolizaba la existencia del hombre. En los laterales había personajes que representaban los vicios que te impiden progresar, como un funcionario (la avaricia), una mujer (la lujuria), un mono (la necedad) y un soldado (la maldad). Mara trató de obstaculizar el que Buda alcanzara la "iluminación".

Otra estatua que me impresionó fue la de Buda acostado; era enorme y junto a ella reconocí a Zhao Zhifeng.

Cuando estaba saliendo del complejo consideré que lo que había visto en Dazu era una especie de "legamonismo", o un legado de antigua sabiduría a la humanidad.

42. Templo de Confucio en Qufu

La tumba de Confucio en el templo de Qufu

Llegué ya oscuro a la ciudad de Qufu, en la provincia de Shandong, localicé un hotel en la calle principal y por la mañana compré un billete múltiple para poder visitar durante un día entero los tres lugares sagrados principales de Qufu: el gran Templo de Confucio, el Cementerio de Confucio y la casa de la Familia Kong (Confucio se traduce como "Maestro Kong", pero su verdadero nombre era Kong Qiu).

Iba caminando de un sitio a otro, aunque había muchos carros de caballos adornados con diseños fantásticos que eran muy populares en Qufu y los chinos los usaban para el transporte.

Los templos llevaban nombres sugestivos, tales como: Adaptación a los Tiempos, o Gran Armonía y Vitalidad.

El templo principal era grande y lo visité completamente, entrando en todos sus vericuetos. Vi allí numerosos chinos que rezaban y quemaban incienso con gran vehemencia, pues sus principios sabios y virtuosos, basados en el amor a la familia, a los padres, a los ancianos, a la sociedad y a la naturaleza, devendrían una religión que hoy es seguida por muchos millones de chinos.

Vi en ese templo referencias al sabio Zhu Xi, probablemente el seguidor más fiel de Confucio. Ese discípulo sabio creó la Academia de la Cueva del Ciervo Blanco, basada en los preceptos del gran maestro Confucio, donde se enseñaba Neoconfucianismo, o una doctrina que, además de los elementos morales y éticos de Confucio, incluye principios del budismo y del taoísmo. Tras Confucio se considera a Zhu Xi el segundo mayor pensador de China.

Cuando llegué al cementerio, medité frente a la tumba de Confucio. Había estelas y tumbas de otros miembros de su familia, como la de su hijo mayor, Kong Li.

Por desgracia, esa tumba de Confucio había sido destruida y saqueada durante la Revolución Cultural, pero a la muerte del presidente chino Mao Zedong se reparó.

La tercera y última visita que comprendía mi ticket era la Mansión de la Familia Kong, donde vivieron los descendientes de Confucio. Muchos de ellos se casaron con princesas. La mansión albergaba un templo que no dejé de visitar.

Confucio fue un hombre completo, pues cumplió tres de las cuatro condiciones para ello: tuvo hijos, escribió libros y plantó árboles. Es decir, utilizó su cuerpo para reproducirse y así pagar su vida con la creación de otras, y simultáneamente ayudar a cumplir esa condición a su esposa; utilizó su mente desarrollada e inteligente para escribir libros sabios; utilizó sus sentimientos para plantar árboles mostrando su amor a la naturaleza. Solo le faltó dar una vuelta al mundo para ser consciente de la grandeza física del planeta Tierra.

El haber visitado el lugar de nacimiento, residencia y entierro de Confucio me produjo la sensación de que había rendido pleitesía a un hombre grande, un ideal a alcanzar por cualquier ser humano.

GEORGIA

43. Catedral de Svetitsjoveli

La catedral de Svetitsjoveli en Mtsjeta

En tiempos de la Unión Soviética viajé varias veces a Georgia conduciendo a turistas españoles en un programa que incluía la visita a los países vecinos de Armenia y Azerbaiyán, con paradas en algunos lugares sagrados.

En la ciudad georgiana de Kutaisi entramos en el monasterio de Gelati, que en el pasado fue considerado la "nueva Atenas" y hasta el "segundo Athos" por sus academias. En el sitio troglodita de Uplistsikhe, cerca de la población de Gori, exploramos cuevas que habían sido lugares de culto. Pero la visita que más apreciaban todos los grupos era siempre la de Mtsjeta, villa que, según una leyenda, habría sido fundada por un descendiente de Noé.

En Mtsjeta, que quedaba a media hora de autobús desde nuestro hotel en Tbilisi, la capital de Georgia, se encuentra la catedral de Svetitsjoveli, nombre que significa "pilar de vida", aunque a la catedral también se la conoce como la de los Doce Apóstoles.

La tradición afirma que el cristianismo fue introducido en Georgia por el apóstol san Andrés en el siglo I, pero históricamente serían los reyes georgianos quienes lo implantarían como religión de Estado en el siglo IV, exactamente en el año 337, al convertirse a esta nueva fe gracias a la hoy conocida como Ninó, o Santa Nina, una mujer joven nacida en la Capadocia a finales del siglo III, que era sobrina de san Jorge.

Ninó viajó a Mtsjeta al enterarse de que la túnica de Jesucristo había sido llevada a esa población por un hebreo que se la regaló a su hermana, llamada Sidonia, quien al morir fue enterrada con esta túnica sagrada asiéndola entre sus manos. Al llegar, Ninó predicó el cristianismo. La Virgen se le apareció y le regaló una cruz de sarmiento de uva que hoy constituye el símbolo del cristianismo georgiano.

La catedral amurallada de Svetitsjoveli se erigió en el siglo XI. Era imponente, de aspecto poderoso. Las gentes entraban a visitarla con gran devoción. Primero la rodeé y encontré una gran cruz de piedra en forma de sarmiento de vid. Luego entré en su interior, donde permanecería unas 2 horas fijándome en todos sus detalles, siendo el que más me impresionó un mural circular donde aparecía Jesucristo en el centro y alrededor había 12 signos zodiacales con las representaciones de los doce apóstoles. Cada signo del zodíaco representaba a un apóstol diferente, según sus caracteres y ademanes: san Pedro era Aries, san Simón era Taurus, Santiago el Mayor era Sagitario, san Andrés era Cáncer, san Mateo era Capricornio, Judas Iscariote era Piscis, etc.

La ciudad de Mtsjeta comprendía otros sitios sagrados que no dejé de conocer, como la iglesia del monasterio femenino de Samtavro. Tras ello accedí a la vecina iglesia de Jvari, que data del siglo VI, sita sobre una colina cercana desde la que se disfrutaba de vistas espectaculares de los alrededores. La iglesia de Jvari y la catedral de Svetitsjoveli constituyen en su conjunto el principal lugar de peregrinaje de Georgia.

44. Monasterio Novoafonskiy

Aunque la República de Abjasia representa hoy un país independiente de facto, las Naciones Unidas no lo reconocen como tal, por lo que oficialmente sigue formando parte de Georgia.

Accedí a este nuevo país oficioso a través de Rusia y viajé en minibuses al lugar que consideré más sagrado, un monasterio llamado en idioma ruso "Novoafonskiy", o Nuevo Athos en español.

Para llegar a él subí por la senda de una colina, donde se hallaba ese imponente monasterio de estilo neo bizantino rodeado de palmeras, cipreses y abetos. Al llegar pregunté a unos monjes si podría quedarme alojado, ya que en el pasado había peregrinado por el Monte Athos, en Grecia, donde había pernoctado en el monasterio ruso san Pantaleón.

Fui conducido a hablar con el archimandrita, a quien le pareció aceptable mi explicación y autorizó que me quedara tres días en él. Era gratuito, como también son los monasterios griegos del Monte Athos, aunque en mi despedida dejaría un donativo.

Me mostraron una celda con vistas al mar, la número 7, con un icono y un mapa en la pared mostrando los viajes de san Pablo, y se me informó de los horarios de las comidas en el refectorio y de los servicios religiosos con cantos gregorianos, cuando cerraban el monasterio al público, y en los que podía participar, cosa que haría vehementemente, no perdiéndome ni una sola misa.

Ese monasterio, consagrado al apóstol Simón, también conocido como Simón el Cananeo, o el Zelote, había sido fundado por monjes rusos que habitaban el monasterio de San Pantaleón, en el Monte Athos, en el cuarto tercio del siglo XIX, cuando temían que los turcos otomanos los expulsaran a raíz de la guerra ruso-turca de los años 1877-1878.

El monasterio era simplemente ¡BELLO! Desde él la vista del mar Negro era espectacular. Me parecía estar reviviendo mi entrañable estancia en diez monasterios del Monte Athos, como si no hubiera pasado el tiempo.

Tras dejar mi pequeña bolsa en la celda, salí a peregrinar a los lugares donde vivió el apóstol Simón, quien predicó en países como Egipto, Libia y, probablemente, España, algo que yo ignoraba.

Tras una corta caminata, llegué a la iglesia de Simón el Cananeo, donde se custodia el cuerpo del apóstol tras sufrir martirio.

Pedí ver la tumba, pero me dieron varias excusas, como que estaban de obras o que no encontraban la llave. Volví varias veces e insistí en verla, pero nunca conseguí que me la mostraran.

La zona estaba invadida por turistas rusos. En los alrededores vendían suvenires, te hacían una foto junto a un oso amaestrado, o con un mono endémico de Abjasia, o bien asomando la cabeza por un agujero de un cartón gigante donde estaba dibujado un abjasio con sus atavíos folklóricos y un puñal en el cinto. También se vendía comida, dulces para los niños… era aquello una versión menor de lo que sucede en lugares sagrados como Lourdes o Fátima.

Me dirigí entonces a la cueva de Simón el Cananeo. Por el camino advertí una placa dedicada al zar Alejandro III, quien financió la construcción del monasterio Novoafonskiy y en 1888 peregrinó a la citada cueva junto a su esposa y el zarévich Nicolás II.

Ese sendero, con los riachuelos y el exuberante follaje, me recordó los más bonitos tramos por las sendas del Camino de Santiago, en España. En algunos lugares había huellas sobre las piedras, que se consideran pertenecientes al Apóstol Simón.

Ascendí hasta que llegué a unos escalones previos a la entrada a la cueva, donde vivió el apóstol 20 años. A cargo de ella se hallaba un monje. En su interior vi un icono representando al apóstol, lámparas con aceites que desprendían olor a incienso, inscripciones en griego y en ruso sobre las paredes de la cueva, y un pequeño altar. Me senté en el suelo en posición de flor de loto durante varias horas para ser penetrado por la atmósfera del lugar.

De no haber sido aceptado en el monasterio me habría quedado a dormir en esa cueva por el éter sacro que rezumaba. Me sentía muy bien en el interior de ella; era como estar en el vientre materno.

Mi estado anímico fue alterado cuando irrumpieron en la cueva doce novicias con la cabeza cubierta por una toca de tul de color blanco que, como más tarde me dirían, estaban realizando un peregrinaje desde la ciudad rusa de Vorónezh.

¡Todas eran hermosas hasta el éxtasis!

Rasputín, de haber dado con ellas, se habría vuelto loco de pasión ante su sola visión. Vivían en el monasterio, pero en los dormitorios de otra ala opuesta a la mía, al lado de las duchas.

Esa noche a las siete, a la hora de cenar en la trapeza, vi de nuevo a las doce novicias, a quienes asignaron una mesa aparte.

En la mesa de los monjes éramos unas veinticinco personas.

El ágape fue recatado, pero suficiente. Incluía té con pastas, una sopa de arroz con leche, tortillas, queso, pan y caramelos.

Mientras comíamos, un monje leía fragmentos de la Biblia. Había un fresco enorme en un muro de la trapeza representando el episodio bíblico de las Bodas de Caná.

A las 8 todos asistimos a la entrañable misa con cantos.

Una vez en mi celda me sentí inmensamente feliz. En el pasado había visitado la tumba de san Pedro en Roma, la de Santiago en Compostela, la de san Tomás en Chennai (antigua Madrás), y ahora había estado en los lugares sagrados donde se cree que vivió y murió el apóstol Simón.

El cuarto día, tras el desayuno, consistente en ensalada con un tipo de macarrones y té con pan, me despedí con agradecimiento y cariño del archimandrita y de los monjes con los que había trabado amistad esos 3 días, en especial con uno que hablaba griego y había vivido unos años en el monasterio de San Pantaleón del Monte Athos.

INDIA

45. Harmandir Sahib

Entré en la India por primera vez a través de la frontera terrestre con Pakistán, y en mi camino a Delhi me detuve en la ciudad de Amritsar, en el estado indio de Punyab, pues deseaba visitar el lugar más sacro para los sijs: el conocido como "Templo Dorado", o Harmandir Sahib, que significa Morada de Dios.

Para entrar a este "gurdwara" o templo sagrado de los sijs me cubrí la cabeza con un pañuelo y me descalcé, incluyendo los calcetines, como es la regla. En el santuario principal había hombres mayores que tocaban el armonio y cantaban, y había ofrendas de flores y bendición de comida. Ese templo era deslumbrante. La planta baja es de mármol,

128

el primer piso –más el terrado– es de cobre y estaba todo cubierto con capas de oro, de ahí el nombre de Templo Dorado. En la piscina adyacente había muchos peces, casi todos de color rojo. Amritsar quiere decir, precisamente, Piscina de Néctar.

Los fieles iban con turbantes y llevaban una daga en el cinto, más una pulsera en la muñeca derecha. Al principio pensé que los turbantes que portaban eran como un gorro, que uno se quita y se pone en un santiamén; pero no, son telas de unos 8 metros que los hombres se enrollan en su cabeza para cubrir su cabello, que no se cortan jamás y se hacen moños con él. La barba tampoco se la cortan, y cuando está muy larga se ponen peinetas y horquillas en ella.

Tanto me fascinó el lugar que determiné permanecer en él dos días para aprender sobre esa religión, surgida en unos tiempos conflictivos en India entre hindúes y musulmanes. Fue cuando apareció Gurú Nanak, nacido a mediados del siglo XV, y propuso un término medio añadiendo varias doctrinas de su propia cosecha, creando el sijismo, religión que está concentrada en el Punyab.

Ese templo estaba abierto las 24 horas del día, y protegido por dos guardianes armados con sendas espadas. A los peregrinos, para comer nos ofrecieron unas tortas de pan que se llaman chapatis, rellenas de garbanzos cocidos y té con leche y canela. Durante las comidas había que tener cuidado con los cuervos, pues al menor descuido llegaban volando y te robaban un garbanzo cocido con sus picos y se subían con él al tejado para comérselo tranquilamente. Yo me acostaba sobre las 9 de la noche, tras la cena de los chapatis con coliflores, y me tumbaba escuchando música de armonio y de trompetas hasta las 11, cuando los músicos se iban a dormir y no volvían a tocar hasta la mañana del día siguiente. Había muchos mosquitos por la noche, pero también ranas, lo que equilibraba la situación. Yo me acosté cerca de la piscina, donde había más ranas, que eran las que se comían los mosquitos. Adivinaba cuándo se habían comido uno porque por unos momentos dejaban de croar, y al tragárselo volvían a croar de nuevo, hasta que capturaban otro mosquito. Las lagartijas también me ayudaban con los mosquitos, y a veces reptaban por encima de mi cuerpo en busca de alguno de ellos.

A las 6 de la mañana, cuando nos despertaban los músicos, había una ofrenda a los peces sagrados de la piscina y les echaban un dulce de color marrón; era el prasad. Los peces ya sabían que a esa hora iban a comer, pues todos se apelotonaban al lado del templo para recibir el prasad.

Los músicos seguían tocando el armonio y cantando todo el día sin parar. También leyeron el libro sagrado "Gurú Granth Sahib Ji" al son de trompetas. Otra ceremonia que presencié fue la de las espadas de los antiguos gurús, diez en total. Desenvainaban una y mencionaban el nombre del sij que la utilizó, y así una tras otra.

El tercer día, considerando que había adquirido suficientes conocimientos que me habían ayudado a comprender los fundamentos del sijismo gracias a mis conversaciones con los fieles, abandoné el gurdwara sij y me interné en la India para visitar otros lugares sagrados.

46. Kumbha Mela en Allahabad

Pocos días después de haber visitado Harmandir Sahib, en Punyab, viajé a Allahabad, la antigua Prayag. Es una de las cuatro ciudades sagradas hindúes (las otras tres son: Nasik, Ujjain y Haridwar) donde cada 12 años se celebra un festival llamado Kumbha Mela (Peregrinaje de Acuario), que reúne a millones de peregrinos. En el que yo participé, en Allahabad el año 1989, acudieron unos 35 millones de peregrinos.

Precisamente llegué a Allahabad la víspera del comienzo de este festival multitudinario, que dura unas 3 semanas.

La ciudad se localiza a orillas de los ríos Ganges y Yamuna. Hay otro río subterráneo, llamado Saraswati, que también cruza la ciudad. El Kumbha Mela se celebraba justo en la confluencia de esos tres ríos, sitio que se llamaba Triveni Sangam.

Al llegar al Sangam pregunté por alojamiento. Casi todos los movimientos religiosos participantes cobraban por pasar la noche en sus tiendas de campaña, excepto uno a cargo del Mahayogi Pilot Baba, que permitía dormir gratuitamente en su "ashram", o lugar de meditación.

Me instalé en ese ashram durante las 3 semanas que presencié el festival. Colaboré con un donativo y echando una mano en la limpieza y en la cocina. Allí también habría alojados unos 20 viajeros extranjeros provenientes de países europeos, de Norteamérica y de Australia.

Pilot Baba tenía el rango de comandante en las Fuerzas Armadas Aéreas de la India, hasta que un día sintió que había algo más bello dentro de él que pilotar un avión y debía expresarlo. Dejó el Ejército, peregrinó al Himalaya y permaneció 7 años en una cueva dentro de un glaciar, alimentándose de poco más que de raíces. Tras ese tiempo se dedicó a predicar una vida natural y armoniosa, basada en la paz y la compasión.

Por las noches, Pilot Baba nos enseñaba a los occidentales que vivíamos en su ashram los métodos para ir escalando de chakra en chakra, o centros de energía, hasta alcanzar el séptimo y último, llamado Sahasrara, localizado en la coronilla.

La llegada al Kumbha Mela de los grandes yoguis era espectacular; algunos entraban montados en elefante o en camello, y les acompañaban bandas de músicos uniformados. Los adeptos que los acompañaban alababan los nombres de esos gurús y ofrecían lecciones de yoga tántrico, técnicas para levitar o métodos para alcanzar el "samadhi", un estado de arrobamiento.

Pero detrás de ese aire de tómbolas y tiros al plato presencié casos de auténtica devoción. Una mañana, en una de mis visitas a los ashrams de conocidos gurús de todas las escuelas hindúes, oí una música de armonio y una voz delicada: era una mujer que le estaba dedicando una melodía con infinito sentimiento a su gurú ya desaparecido, Yogananda. Era una música tan enternecedora que todos los que pasaban por ese templo se quedaban petrificados en el sitio, sin moverse, para escucharla hasta el final. Otro día fui a visitar al famoso yogui Devraha Baba, al que se le calculaban 250 años de edad. Vivía en una cabaña de dos pisos más allá del final del Sangam. Desde el centro había que caminar bajo el sol por la arena del río Ganges por más de una hora para verle. Pero siempre había una fila ininterrumpida de peregrinos que iban a visitarle. Era más que muy viejo, sus cejas medían más de 10 centímetros y no podía ponerse erecto por la debilidad de sus piernas. Con sus manos tocaba los libros que le traían para bendecirlos y todos se postraban ante él, pero nadie osaba mirarle a los ojos porque se decía que le ardían; era imposible mantenerle la mirada. Debido a la multitud, yo no pude acercarme a menos de 5 metros de él y cuando, en cierto momento, giró la cabeza hacia donde yo me encontraba recuerdo que algo dentro de mí hizo que mirara hacia el suelo esquivando su mirada.

Me entristecí cuando leí en junio del año 1990 que Devraha Baba acababa de expirar.

Un día tuve un encuentro con un gurú hindú que me presentó una viajera italiana que estaba alojada en el ashram de Pilot Baba. En el transcurso de la conversación opiné que no veía necesario meditar cada día, y el gurú me hizo la siguiente observación:

—¿Verdad que cada día acudes sin falta al baño? Pues del mismo modo que a diario te desprendes de tus desperdicios físicos también es conveniente desembarazarte de la basura mental del día, que es muy nociva para el cerebro, además de obstruir el crecimiento del alma.

Vi muchos sadhus, o renunciantes de la vida, que recorren a pie los lugares sagrados de India con sus únicas posesiones, que suelen consistir en una lanza, o danda, más una especie de lechera llamada lota. A veces abordan trenes, pero nunca pagan y suelen fumar ganja, una planta de cannabis. Otros van con la mano izquierda siempre levantada, se les queda anquilosada; otros jamás se acuestan y para dormir se apoyan sobre una especie de columpio que cuelgan de los árboles, pero siempre manteniendo el contacto con el suelo; otros siempre están sumergidos en el agua; hay algunos que jamás hablan. Pero los más sorprendentes que vi en el Kumbha Mela fueron los nagas, que van completamente desnudos con su cuerpo lleno de cenizas; viven en los bosques. Algunos hindús, a los 50 años hacen un voto, abandonan a su esposa e hijos y se dedican a vagar por la India y meditar sobre Dios.

Llegó el día del baño sagrado en el Ganges y todos los peregrinos fuimos a sumergirnos en sus aguas. Muchos iban por el camino recitando el mantra: "Om Namah Shiva… Om Namah Shiva…"

Om es una palabra mágica. Los hindúes creen que cuando un yogui alcanza el estado de samadhi oye el sonido del universo, y que los átomos de la materia al viajar producen la sílaba Om.

En el ashram de Pilot Baba hice amistad con Yogi Shanti (shanti significa paz en sánscrito), quien me invito a visitarle en Haridwar, donde poseía un templo. Y yo acepté y viajé a Haridwar, a orillas del río Ganges, donde me quedé unos días en su templo. En el transcurso de una ceremonia nocturna en mi honor, en la cual se vistió con un dhoti de color naranja, me asignó un nombre hindú que empezaba por "J", al igual que mi nombre Jorge. También me transmitió un mantra y me pidió encarecidamente que visitara a su gurú en la ciudad de Mantralayam, en el estado de Andhra Pradesh. Yo le prometí que lo haría.

Mantendría con Yogi Shanti una amistad durante varios años. En cierta ocasión, cuando regresaba de un viaje desde Nueva York a Delhi, su avión hizo una escala de varios días en la ciudad de Barcelona y me vino a ver a mi casa. Fue algo inesperado cuando abrí la puerta y le vi, me quedé boquiabierto. Años después regresé a Haridwar para volver a vivir con él unos días en su templo y recibir sus enseñanzas. No sabía que esa sería la última vez que nos veríamos, pues una mañana del año 2013 Yogi Shanti retiró todo el dinero que tenía en un banco hasta dejar la cuenta a cero, y comenzó a repartirlo entre los sadhus que se encontró en las orillas del río Ganges. Cuando se quedó sin una rupia regresó hacia su templo, y fue entonces cuando en un callejón unos desconocidos le golpearon con palos hasta matarle. Tenía 80 años.

Tras Haridwar me dirigí a un lugar extraordinario adonde había sido invitado en el ashram de Pilot Baba por un anacoreta llamado Baba Ashoka Nanda, que vivía en una cueva en las afueras de Gangotri.

Celebración del Kumbha Mela junto al Ganges en Allahabad (Prayag)

47. Cueva Pracheen Gufa

Baba Ashoka Nanda me inicia en el hinduismo

Al llegar a Gangotri caminé unos 15 kilómetros hasta alcanzar la zona de las cuevas; habría unas 200, todas habitadas por ascetas, pero pronto localicé la de mi amigo Baba Ashoka Nanda a orillas del río Bhagirathi, que es el principal afluente del Ganges, cuyas aguas entran en la India provenientes del monte Kailash –en el Tíbet– a través del glaciar Gangotri, a pocos kilómetros de distancia.

Me quedaría con él una semana experimentando la vida de un ermitaño en una cueva ubicada a más de 3000 metros de altitud, que se llamaba Pracheen Gufa. Precisamente Gufa es una palabra hindi que significa "cueva", y Pracheen o Prachin, podría traducirse por "vieja" o "antigua". Era grande y estaba habitada desde hacía unos 1000 años por "rishis", o grandes sabios del Himalaya. Alrededor de la cueva había plantas que recogíamos para el té, también raíces y árboles cuyas cortezas eran comestibles, más algunas frutas. Baba Ashoka Nanda vivía en esa cueva desde hacía 30 años y solo la dejaba para asistir a los festivales del Kumbha Mela.

Ayudaba a diario a Baba a efectuar pujas, o rituales hindúes en los cuales él hacía sonar una caracola y cantaba. Para las ceremonias me pintaba la frente de rojo, los lóbulos de las orejas, la nuez de Adán y la punta de la nariz. Me enseñó a encender el fuego sagrado para hornear chapati en las brasas.

Lo primero que hacíamos cada mañana, tras bañarnos en una cascada, era recoger flores para adornar la cueva. Baba decía que la belleza forma parte de la perfección. Él era seguidor de Shiva.

El hinduismo es la tercera religión más practicada por la humanidad, tras el cristianismo y el islam. Los indios consideran que es la más antigua del mundo. En ella Brahma es el creador el universo, Visnú el preservador, y Shiva es el destructor. Esta especie de Trinidad la llaman Trimurti. Aunque el hinduismo posea muchos dioses, Brama es el más poderoso y todos los demás representan manifestaciones de sus atributos.

Cada día venían peregrinos que se quedaban un rato con Baba y le regalaban algo de comida, como chapatis, frutas y té. Su destino final era el monte Kailash, en el Tíbet, a pocos días de marcha a través del glaciar de Gangotri.

Un día entre los días aparecieron tres viajeros a los que Baba invitó a quedarse en su cueva. Uno era francés y las dos chicas provenían de Francia y de Israel. Querían caminar hasta el glaciar Gangotri, donde había un ashram muy célebre a cargo de un gurú llamado Lal Baba. Precisamente en una de las cuevas de ese glaciar había vivido Pilot Baba 7 años.

Yo también me interesé por viajar a ese lugar y una buena mañana marchamos los cuatro juntos hasta Gomukh, donde se ubicaba el ashram de Lal Baba. Allí también experimenté situaciones extraordinarias y conocí a sadhus y ermitaños admirables, comparables a Baba Ashoka Nanda.

En ese ashram un sadhu me confió apesadumbrado que había subido al Himalaya con la esperanza de adquirir el estado de samadhi, pero allí solo había encontrado piedras y más piedras. Según él, el hombre era un diamante en bruto, pero si no se pule, es decir, si uno no se esfuerza por elevar el ser, se desperdicia su valor, por eso él seguía peregrinando a pesar de su fracaso, con la esperanza de pulirse para tal vez algún día elevar su ser, pues intuía que si abandonaba su propósito su alma no eclosionaría, pero mientras se esforzara en alcanzar su meta estaba en el buen camino.

Todos los peregrinos se dirigían al monte Kailash, dentro del Tíbet, pero nosotros cuatro no pudimos ir, ya que las autoridades chinas toleraban el acceso de los indios sin pasaporte ni visado, pero no el de nacionalidades occidentales.

Tras ese ashram regresé a Pracheen Gufa para despedirme de Baba Ashoka Nanda y un día más tarde viajé al sur de la India. Por el camino recordaba las palabras tristes del sadhu del ashram de Lal Baba. Yo también, al igual que él, cuando viajé al Himalaya tenía la esperanza de convertirme en una especie de superhombre, pero la realidad es que al bajar mi objetivo era devenir simplemente un hombre. Fue la lección de Gangotri.

Eventualmente, viajé al sur de la India para cumplir la promesa que le hice a Yogi Shanti.

Río Bhagirathi, cercano a las cuevas

48. Ashram de Swami Raghavendra

Un devoto en el ashram de Swami Raghavendra

Tras permanecer una semana en Gangotri, visité varias docenas de templos hindúes de la India y sus principales ciudades sagradas, y hasta pensé en no ir al ashram de Mantralayam. Pero sentía remordimientos si no iba, así que al final hacia allí me dirigí en varios trenes, más bien por equilibrar mi estado anímico cumpliendo mi promesa dada a Yogi Shanti que por el interés que me suscitó ese ashram.

Mantralayam era una ciudad dedicada exclusivamente a Swami Raghavendra; todo allí lo recordaba, desde las estatuas de piedra en su honor en las plazas y en los cruces de calles, a los nombres de los establecimientos. En las tiendas de suvenires se ofrecían muñecos e imanes para la nevera representando al swami, palabra sánscrita que significa "amo de sí mismo", o "el que es uno consigo mismo"; también se utiliza como "señor".

No hay maestro en la India que surja de la nada; todos son reencarnaciones de otro anterior, remontándose a Brahma, Visnú o Shiva. Por ejemplo, Siddhartha Gautama fue el Buda Sakyamuni, el cuarto Buda, y en un futuro se espera al quinto, el Buda Maitreya, mientras que a Raghavendra se le considera una reencarnación de Sri Madhvacharya, un filósofo indio del siglo XIII.

En la calle principal, con vacas paciendo por doquier, hallé un hotel que pertenecía al ashram de Raghavendra. Dejé mi bolsa en el cuarto y caminé para descubrir el lugar, penetrando en las escuelas donde se impartían las enseñanzas de Raghavendra a alumnos jóvenes con la cabeza rapada, y en el templo dedicado a él.

Visité la parte más sagrada del ashram, que constaba de dos pisos. Para ello me descalcé y me saqué la camiseta, pues los hombres solo pueden visitar ese lugar sagrado con el pecho al descubierto. Pagué una cantidad determinada de rupias para poder así acceder a la zona VIP, que te permitía ver a pocos metros el cofre donde se halla el cuerpo incorrupto de Raghavendra.

Por las paredes había dibujos representando la vida de Raghavendra y los milagros que se le atribuyen, mientras que en los suelos observé pinturas con forma redonda y dibujos de figuras geométricas que me recordaron a los thangkas tibetanos. Todos los monjes y visitantes, mientras rodeaban el féretro de Raghavendra, recitaban el mantra: "Om Sri Raghavendra Namaha".

Yogi Shanti me aseguró que, aun habiendo nacido en el siglo XVI, seguía vivo, y cualquier deseo que se le solicitara, si era noble, él lo cumplía, incluso desde la distancia.

Por 40 rupias compré un librito sobre Raghavendra y lo leí de un tirón esa misma mañana. Se titulaba: "Sri Raghavendra Swami, Life, History and Greatness". Por él supe que el sabio había nacido en el año 1595 en el estado de Tamil Nadu. En el año 1614 se casó con la joven Saraswati, quien poco después dio a luz a su hijo Laxminarayana. En 1621 su gurú le ordenó convertirse en un sannyasin, o renunciante de la vida material, y se vio obligado a abandonar a su familia y a vagar por el sur de la India. Su esposa, afligida por esta separación, no soportó la nueva situación y se quitó la vida lanzándose a un pozo. Raghavendra se comunicó con su espíritu y lo liberó del limbo en el que caen los que cometen suicidio, para que pudiera de este modo aspirar a alcanzar el estado de Moksha, o la liberación del ciclo del Samsara con el nacimiento, la vida, la muerte y la reencarnación.

En el año 1671 Raghavendra Swami entró en un estado de trance, prometiendo a sus seguidores que durante 700 años su espíritu seguiría en ese ashram de Mantralayam para ayudar a los adeptos que tuvieran fe en él y le requirieran deseos, que él satisfaría.

En la actualidad, todos los seguidores de Raghavendra están convencidos de que el espíritu de su maestro se halla allí en Mantralayam, y no se diluirá para fundirse con Dios hasta el año 2371.

Sin embargo, yo no comulgaba con la devoción incondicional hacia Raghavendra Swami que manifestaba Yogi Shanti. Había algo que no podía digerir, fuese por mi incapacidad de comprender los caminos inescrutables de seres considerados superiores o por mi costumbre de no dar nada por sentado ni aceptar las cosas sin haberlas cuestionado y verificado por mí mismo. Y era la adopción de la vida de sannyasin en la juventud lo que no acababa de asimilar. Lo comprendía en hombres viudos en el crepúsculo de sus vidas, pero no en jóvenes casados y con hijos.

Justo unas semanas antes de viajar a Mantralayam había visto en un cine una película llamada Samsara, cuyo protagonista, un monje tibetano, tras superar con éxito una prueba de permanecer incomunicado durante 3 años, 3 meses y 3 días en una celda, sale al exterior y siente imperiosamente la necesidad de satisfacer sus deseos sexuales, por lo que deja el monasterio y se casa con una joven, teniendo un hijo con ella. Pocos años después abandona a su familia para regresar a su antiguo monasterio como monje.

Y me preguntaba: ¿Es que acaso Raghavendra y el monje tibetano de la película Samsara no podían servir a Dios y desarrollarse siendo monjes virtuosos y, al mismo tiempo, buenos maridos y padres? ¿No es acaso egoísmo, y hasta inmoralidad, hacer sufrir a una joven esposa y a un hijo tuyo por aspirar a convertirte en un ser "superior"?

La visita a Mantralayam me sumió en un mar de dudas que tardé mucho en despejar. Pero me sentí liberado de mi promesa con Yogi Shanti y recuperé mi equilibrio interior.

49. Templo Venkateswara

Krishna y Arjuna en el carro de batalla

Viajando en tren por el sur de India hice amistad con unos peregrinos con los que jugaba al ajedrez en el vagón. Se dirigían al gran templo de Tirumala, cerca de Tirupati, para realizar ritos hindúes durante unos días.

Me hablaron tantas maravillas acerca de ese lugar que resolví descender con ellos en Tirupati y acompañarles en autobús al gran templo de Tirumala, llamado Venkateswara, y también de las Siete Colinas.

Según mis amigos peregrinos, el templo de Venkateswara está considerado el más rico y el más visitado, no solo de la India, sino del mundo entero. El promedio de peregrinos diarios oscila entre los 50.000 y los 100.000, y cuando se celebra algún festival importante los visitantes alcanzan los 500.000 por día.

Antes de llegar al templo hubo un control donde la Policía hacía descender de los autobuses a los peregrinos y los registraba para evitar que introdujeran alcohol, lo que estaba prohibido.

Una vez que ascendimos los casi 900 metros de altitud hasta alcanzar las siete cimas de la colina de Tirumala, me separé de mis compañeros de viaje. Ellos ya habían reservado alojamiento, el cual es gratuito en los ashrams, pero hay que cumplir las reglas y emparejarse, puesto que no se ofrecen habitaciones individuales.

Mientras me dirigía al templo principal iba observando todos los lugares que atravesaba, buscando un sitio adecuado donde pasar la noche.

Noté que dentro de un jardín había un carro con los personajes de Krishna y Arjuna en su interior, y recordé que semanas antes había visitado en Jyotisar, cerca de la ciudad de Kurukshetra, el lugar donde aconteció la batalla de Kurukshetra, enfrentando a los clanes hermanos de los kauravas y los pándavas, la cual es descrita en un fragmento del poema épico Mahabharata llamado Bhagavad Gita.

Arjuna, que era de los pándavas y se encontraba en el carro que conducía Krishna, titubeó antes de iniciarse la batalla y le notificó a Krishna que abandonaba para no pecar, pues no quería matar ni participar en el horror que se avecinaba.

Krishna en ese momento le dio a Arjuna una lección magistral. Tras indicarle que no debía temer matar y recordarle que debía ser consecuente con su casta chatria, la del guerrero, y que morir en noble lid es mejor que comportarse como un cobarde, sentenció:

—"¡Lucha, lucha ya que es tu responsabilidad y deber, lucha, sí, pero no te identifiques con la batalla ni te pierdas en ella, sé siempre quién eres y mantén en todo momento tu serenidad interior!".

Pero el carro de Arjuna en ese jardín estaba ocupado por una pareja de enamorados, y por más que esperé a que se fueran ellos seguían flirteando. Me apercibí entonces de que a Venkateswara no se iba solamente a rezar. Me hubiera dado ilusión dormir sobre el carro, pero al final desistí.

El complejo de Venkateswara era enorme, como un poblado, con bancos, hospitales, museos, oficinas telefónicas, restaurantes, una gran laguna con un templo a manera de isla y, sobre todo, barberías donde te rapaban la cabeza gratuitamente, pues era allí tradición ofrecer el cabello a los dioses.

La arquitectura de los templos era dravidiana, es decir, de forma piramidal, lo cual es característico en el sur de la India.

Se afirma que lo que más impresiona a los visitantes (también a mí) es el Vimana, o el Sancta Sanctorum, una torre con cúpula doradas que alberga las deidades principales, todas ellas ricamente adornadas con oro y brillantes.

Los fieles hacían largas colas para visitar los ídolos en el interior del Vimana. Había una cola VIP, donde mediante un donativo uno se ahorraba las colas largas. Yo pagué unas pocas rupias y me coloqué en la cola rápida para entrar en el Vimana, pero un guardián armado con una lanza me llamó la atención por ir cargado con mi pequeña bolsa, y temía que estuviera manufacturada con productos animales, por lo que me expulsó. Tuve que abandonar el sitio de inmediato, por la puerta de atrás. Solo me dio tiempo de ver un ídolo en el interior.

No tenía donde guardar la bolsa y mis zapatos, por lo que al final ignoré a esos ídolos y me dediqué a observar a las gentes, sus costumbres, y a entrar allí donde se me permitiera con la bolsa.

Tras cenar un plato vegetariano (chapati con thali gujarati) en un kiosco callejero, me dirigí al Coconut Hundi, un pequeño templo donde multitud de peregrinos realizaban constantemente un rito en el cual encendían fuego en el interior de cáscaras de coco, a la par que rezaban.

Ese lugar ofrecía la mejor vista del complejo de Venkateswara.

Fue cuando resolví quedarme en la plaza principal, bajo el Coconut Hundi, en la entrada del templo, donde había un teatro con sesiones ininterrumpidas de espectáculos interpretando episodios del Ramayana, incluyendo músicos, cantos y danzarinas. Observé que sobre el suelo frente al teatro se instalaba mucha gente preparándose la cama, así que yo también hice lo mismo. El territorio del teatro sería mi lugar para dormir.

Por la mañana desayuné chapati con lentejas y poco después regresé en autobús a Tirupati, desde donde proseguí mi viaje por la India.

50. Templo Karni Mata en Deshnoke

Entrada al templo Karni Mata en Deshnoke

Viajando por el colorido estado de Rajastán me detuve en la ciudad de Bikaner, donde me sugirieron visitar en la vecina Deshnoke uno de los templos más insólitos de la India, llamado Karni Mata. Era de mármol y lucía bellos portones de plata con orfebrería representando diversos dioses hindúes. El techo estaba cubierto por una tela metálica para evitar que las aves depredadoras del desierto atacaran a los habitantes sagrados del templo: 25.000 ratas negras semipeludas, de largos bigotes y una cola de unos 30 centímetros que viven en centenares de agujeros.

Antes de entrar al templo hay que descalzarse. Al hacerlo, algunas ratas te pasan por encima de los pies. Pero nadie teme que les muerdan pues todas están gordas debido a la gran cantidad de comida que les suministran los monjes del templo y los centenares de peregrinos que allí acuden a diario. Vi bandejas en el suelo llenas de pasteles rociados con miel, jalea real o jarabes dulces, además de trozos de queso y leche fresca de camella. Y las ratas no paraban de comer.

Encontré músicos con armonio y tambores gigantes que interpretaban canciones religiosas en honor de esas ratas. Había crías recién nacidas que estaban empezando a andar y otras, ya moribundas, eran retiradas para ser quemadas, al igual que las personas de religión hindú.

Llegué a la hora de la siesta, cuando la mayoría de las ratas duermen. Para acostarse no se enroscan, pues debido a lo gordas que estaban no podían hacerlo, por lo que se tumbaban de espalda con la panza para arriba y las patas estiradas.

Le pregunté a un indio de casta brahmán, la más alta, sobre el origen de esas ratas sagradas, y me explicó que Karni Mata era una guerrera sabia de una casta divina. Al morirse el favorito de sus cuatro hijos que tenía pidió a Yama, el dios del inframundo y de la muerte, que se lo devolviera vivo. Yama se negó, pues ese hijo ya se había reencarnado en otro ser, pero permitió que tanto ese como sus otros tres hijos –junto a sus descendientes– pudieran reencarnarse en ratas primero y posteriormente en seres humanos.

Cuando salí del templo, todavía estupefacto, me negué a hacer un donativo a los brahmanes cuidadores del templo para comprar pasteles de miel, vacié mis zapatos de crías de ratones juguetones que se habían introducido en ellos para dormir y abandoné ese lugar para viajar al Monte Abu, aún en el estado de Rajastán.

El desayuno de las ratas en Karni Mata

51. Templos de Dilwara

Uno de los templos jainistas de Dilwara

Un sitio de peregrinaje para las principales religiones de la India lo constituye el Monte Abu, de unos 1200 metros de altura. En su cima se ubica una ciudad, llamada también Monte Abu, y en ella observé la existencia de un templo dedicado a Shiva, una pagoda budista, una mezquita sunita, más una iglesia protestante y otra católica. Caminé a las afueras y allí encontré el objeto de mi viaje: los cinco maravillosos templos jainistas de Dilwara.

Eran preciosos, construidos entre los siglos XI y XIII a base de mármol blanco esculpido con infinita delicadeza. Los cinco templos estaban dedicados a los 24 primeros gurús del jainismo.

El jainismo es una religión de origen milenario. Uno de sus "tirthankara" –o maestros– más venerados fue el vigesimocuarto, llamado Mahavira, nacido en el siglo VI antes de nuestra Era. Su historia es parecida a la de Buda, de quien fue contemporáneo, pues al igual que él también estuvo casado hasta los 30 años con una princesa, tras lo cual

146

la abandonó y erró desnudo como un asceta por largo tiempo hasta que finalmente adquirió un estado de "iluminación".

Los jainistas son vegetarianos y observan el "Ahimsa", palabra sánscrita que defiende la no violencia y el respeto a toda forma de vida. Todos sus adherentes van vestidos de blanco, se cubren la boca con una mascarilla para evitar que les entre un insecto, van descalzos y al andar usan una escoba para barrer el camino que van a pisar para no matar inadvertidamente a ninguna hormiga.

Un monje me explicó durante más de una hora su doctrina y me habló de otro lugar de peregrinaje muy querido para ellos en la ciudad de Sravanabelagola, en el estado de Karnataka, así que tomé nota para visitarlo cuando me dirigiera al sur de la India.

Cuando me pareció que ya había visto y absorbido la magnificencia de esos cinco templos, me dirigí al centro de Monte Abu para buscar un alojamiento para esa noche. Por el camino observé un espectacular templo amurallado cuyos miembros iban uniformados de blanco y mostraban un semblante circunspecto. Cada poco rato sonaba del interior del templo una melodía y todos sus miembros se quedaban petrificados como estatuas, sin moverse ni pestañear, hasta que no se acababa la canción. Le pregunté a uno de sus fieles, que resultó ser de nacionalidad argentina, por ese templo y por la canción, y me contó que esa música es un control de tráfico mental para no desperdigar la mente en pensamientos impropios. El templo era propiedad de los Brahma Kumaris, o hijos de Brahma, una secta hindú muy rica aparecida en los años 30 del siglo XX que practica el yoga y la meditación. Para ellos, el paraíso de Adán y Eva se encontraba en el Monte Abu.

En los muros del enorme templo se habían instalado con cartones multitud de indigentes parias, sin casta, también conocidos como harijanes o "intocables", que pasaban allí la noche. La comida que mendigaban la cocinaban en latas vacías de sardinas o de legumbres sobre un fuego que encendían; era gente paupérrima vestida con harapos. Le pregunté al argentino por qué los Brahma Kumaris no les ayudaban, y me explicó que no pueden porque ellos siguen a rajatabla la ley del karma, o la ley de causa y efecto, al igual que los hindúes, budistas o jainistas, y opinaba que si esas gentes han tenido la poca fortuna de nacer pobres era a consecuencia de haber tenido una vida anterior depravada, y por lo tanto ahora debían pagar por ello para quemar el karma negativo acumulado en otra vida y así en la siguiente reencarnación aspirar a nacer en mejores circunstancias sociales.

Cuando, semanas más tarde, viajé al estado de Karnataka, el primer lugar que visité fue la ciudad de Sravanabelagola para contemplar ensimismado una colosal estatua que me dejó admirado. Medía 17 metros de altura, estaba situada en lo alto de una montaña rocosa y representaba a Bahubali, que fue el hijo del primer Tirthankara del jainismo, llamado Rishabhanatha.

Me quedé unas 2 horas frente a la estatua de tanto que me fascinó. Había mujeres jainistas que continuamente limpiaban los pies de la estatua y los monjes realizaban ceremonias junto a ella. Tras ello continué mi viaje por India en busca de lo milagroso.

Templo en Dilwara - Luna Vasahi

52. Satra Kamalabari

Ceremonia musical en el satra Kamalabari

Cuando viajé a las Siete Hermanas, o esos siete estados indios embutidos entre Tíbet, Bután, Bangladesh y Myanmar, una de las visitas que más me impactó fue la que efectué en el estado de Assam a la isla fluvial de Majuli, en medio del río Brahmaputra.

Al explorar la isla di con un monasterio hindú del que me habían informado que aceptaba huéspedes extranjeros. Era un "satra", o centro donde se practicaba una variante del hinduismo llamada visnuismo, o seguidores de Visnú. Se llamaba Kamalabari y databa del siglo XVI.

A la entrada había una especie de arco de triunfo con animales esculpidos en piedra representando elefantes, pavos reales y aún otros animales irreales. En todo el territorio del monasterio se debía caminar descalzo.

Pregunté por el satradhikar, o abad del monasterio, y con mucho respeto le pedí autorización para quedarme en su satra durante dos noches.

Él estaba sentado en posición de flor de loto sobre el suelo de un despacho en cuyas paredes distinguí las fotografías del santo hindú Ramakrishna y su discípulo Vivekananda.

El satradhikar, apenas sin mirarme, aprobó mi estancia. Agradecido, quise estrechar su mano, pero él lo eludió. Hablábamos a través de un monje intérprete del idioma inglés.

Una vez fuera, el intérprete me dijo que había sido muy frívolo, pues todos los extranjeros somos impuros por comer carne y por ello no tenemos derecho a tocar a un brahmán. Al replicarle que tengo predilección por la comida vegetariana, me contestó que no es lo mismo ser vegetariano por unos años que serlo durante toda la vida, y no solo eso, sino también haberlo sido todos tus antepasados, hasta Adán, como al parecer era el caso del satradhikar.

Ese primer día a las 7 de la tarde, cuando había oscuridad absoluta sobre la isla Majuli, me instalé en el templo sobre el suelo en posición de flor de loto. En el altar había una estatua representando a Krishna. Pronto iba a ser testigo privilegiado de una extraordinaria e insólita ceremonia hindú con danzas incluidas.

Al rato aparecieron alrededor de cuarenta monjes vestidos con túnicas impecablemente blancas y turbantes sobre sus cabezas, que interpretaron danzas armoniosas a ritmo de tambores de dos caras y címbalos. También cantaron y se leyeron letanías. Hubo períodos en los cuales solo sonaban los tambores; otros, solo los címbalos, y más tarde eran interpretados al unísono los dos instrumentos, hasta que los propios músicos caían en éxtasis. Noté cómo gotas de sangre les brotaban de los dedos a los jóvenes monjes que tocaban los tambores debido a la fuerza y la pasión con que los golpeaban con las palmas de sus manos. En cierto momento me pareció que todos los monjes, sin excepción, habían caído en estado de trance, como si fueran derviches de la orden Mevlevi. Me pareció que solo yo estaba "normal".

El ambiente en ese templo era trascendental y me hizo sentir en otro mundo. Algunos monjes superaban los cuarenta años de edad, pero otros no debían de tener más de diez y, sin embargo, también ellos estaban en un estado de enajenamiento. El hecho de que la luz de unas bombillas se fuera y viniera continuamente, la lluvia del exterior, más los rayos y truenos del monzón, más las gotas de sudor que caían sin parar de mi frente, los mosquitos que no nos dejaban en paz y las ranas que invadían el templo saltando por entre los monjes, aportaban a ese lugar una atmósfera alucinante.

Al cabo de una hora y media la ceremonia concluyó. Todos los monjes estaban exhaustos, y yo también como espectador. Nos dirigimos al refectorio para la cena y poco más tarde subí a mi celda y me acosté.

53. Monasterio de Rumtek

Cuando llegué a Gangtok, la capital del estado indio de Sikkim, me enteré de que dos días más tarde comenzaría el festival de las danzas de Padmasambhava (o "Nacido del Loto"), el gurú indio que introdujo el budismo en el Tíbet a través de Sikkim en el siglo VIII. También se le conoce con el apodo de Gurú Rinpoche. El mejor sitio para presenciarlo era el gompa –o monasterio– de Rumtek, a unos 20 kilómetros de Gangtok, que pertenecía a la escuela tibetana Kagyupa y era la residencia del Karmapa.

¡No me lo podía perder por nada del mundo!

Pero había muchos turistas indios esos días esperando la llegada del festival y debido a ello los hoteles de Gangtok estaban llenos, así que me dirigí al monasterio de Rumtek, donde me relacioné con los monjes, que son llamados lamas, a quienes les expliqué mi situación, y dos de ellos aceptaron que me instalara en su celda.

Rumtek estaba ubicado en el pico de una colina y era de gran belleza. Allí se albergaban reliquias tibetanas de incalculable valor. Sus paredes interiores estaban llenas de pinturas religiosas, thangkas y efigies budistas. Dentro vivían 50 tulkus, que, como me explicaron los dos lamas con los que compartía celda, son maestros que se han reencarnado para ayudar a los demás; por ello, a veces al tulku se le denomina "Buda viviente". Aparte de esos 50 tulkus, habría unos 250 lamas que vivían allí a la manera de los seminaristas en los monasterios cristianos.

Gracias a vivir como un lama más en ese gompa durante 5 días, tuve la oportunidad de conversar con varios tulkus y con los lamas. Algunos de los lamas más jóvenes me contaron que estaban allí ingresados por deseo de sus padres. Los estudios de la doctrina Kagyupa en Rumtek duran 11 años, tras lo cual ingresan durante 3 años, 3 meses y 3 días en un cuarto de retiro. Todos los lamas acaban aprendiendo cinco lenguas: tibetano, sánscrito, hindi, sikkimés e inglés, aunque muchos dominan también el bengalí. Además de aprender los centenares de kangyurs y tengyurs (textos sagrados budistas), estudian astronomía y astrología, medicina tibetana, botánica, química, cirugía, historia, geografía, etc.

De entre los tulkus con los que hice amistad en el comedor, uno había nacido en Suiza, de ambos padres tibetanos. Tenía 14 años y estaba muy interesado en mis viajes por Sudamérica, por lo que siempre que nos encontrábamos hablábamos de geografía. Otro tulku era de Boston, en Massachusetts, de padre estadounidense y madre inglesa; tenía 20 años y había ingresado en Rumtek por decisión de su madre, que era budista.

A ambos les pregunté si recordaban su vida anterior, pero me contestaron con toda franqueza que no.

La víspera del festival hubo prácticas de danzas, pero sin máscaras. Por la noche, que había luna llena, oí los gyalings –o trompetas– que los lamas hacían sonar desde los tejados del templo durante una hora. Era el comienzo de una larga puja que duraría hasta la madrugada y en la que yo fui un participante pasivo. Unos 150 monjes se descalzaron y se postraron 3 veces seguidas antes de entrar en el templo. Se sentaron en 3 hileras a cada lado, y los tulkus junto a las estatuas budistas. Varios lamas hicieron sonar cuernos y caracolas; luego, trompetas cortas y tambores de mano con un bastón curvo. Comenzaron a leer un kangyur en voz muy alta, algunos gritando salvajemente, y otros emitían sonidos guturales. Luego se pusieron gorros con grandes crestas y continuaron recitando en desorden, cantando y sonando las trompetas, tambores y caracolas. Hubo pausas para tomar tsampa, o una papilla que preparan con un cereal al que le añaden mantequilla a base de leche de yak. Luego hubo más sonidos guturales, sonaron platillos, caracolas, gritaron…

Tras dormir media hora se iniciaron las chams, o danzas, las cuales durarían 12 horas, desde las 5 de la mañana hasta las 5 de la tarde.

Esas chams consistirían en 8 sesiones que representaban las 8 manifestaciones de Padmasambhava, o aspectos de su ser, que incluyen su infancia, momentos de ira, de riqueza, de yogui errante, de guerrero luchando contra los demonios, sentado en un loto con una corona de calaveras, mostrando paz y sabiduría, entrando en Sikkim, accediendo al Tíbet cabalgando sobre un tigre.

Cada una de las manifestaciones duraba una hora y era de una espectacularidad y fantasía tales que yo no recordaba haber presenciado nada igual en la India, salvo algunos momentos coloridos del Kumbha Mela en Allahabad.

En cada manifestación intervenían unos 70 u 80 lamas que portaban vestimentas fabulosas y llamativas máscaras de yeso y madera. Unas veces se simbolizaban las virtudes del budismo. Los lamas se mostraban furiosos, ejecutaban movimientos felinos y en ocasiones bendecían flores y dulces que lanzaban al aire. A las órdenes de un controlador, los músicos cambiaban el ritmo y los lamas giraban de izquierda a derecha. Desfilaron lamas vestidos como reyes y princesas, como diablos y guerreros, como Buda, o representando tigres.

Entre una manifestación y otra salían payasos y arlequines gastando bromas, lo que provocaba la hilaridad del público. Aquello era un derroche de fantasía, Rumtek era una fiesta.

Los músicos nunca paraban de tocar sus trompetas, caracolas, tambores, platillos, pitos y flautas.

La octava y última danza fue la más estética y didáctica por contener un mensaje filosófico: unos 70 monjes con máscaras de cinco calaveras y armados con sables luchaban los unos contra los otros en dos bandos: el Bien o la verdad y el Mal o la falsedad. Finalmente vencía el Bien, pero no sin antes haber estado varias veces al borde de la derrota. La lección moral era: el Bien no se impone por sí solo, pasivamente, sino cuando se lucha enconadamente contra el Mal y la ignorancia, con todas las fuerzas de las que uno dispone. Y en lo referente al hombre era una lección que simbolizaba que el Bien es lo que contribuye a la comprensión del sentido de la vida, mientras que el Mal es todo aquello que obstruye alcanzar ese conocimiento.

El día siguiente llegó a Rumtek un gran tulku con un gorro negro; era nada menos que el XVII Karmapa o líder de la secta tibetana Kaguypa, quien está llamado a ser en una próxima reencarnación Maitreya, o el quinto Buda. Pedí ser bendecido por él y el Karmapa accedió co-

locándome sobre el cuello un pañuelo blanco de seda que yo previamente le había entregado.

Ese día se celebró uno de los regulares debates, o una especie de
juego de preguntas y respuestas para comprender mejor las enseñanzas
de Buda. En el transcurso de ese rito los monjes preguntan a otros
cuestiones tales como:

—¿Cuál es la naturaleza de Buda? ¿Cuál es el propósito de las religiones? ¿Cuál es la diferencia entre la verdad absoluta y la relativa?

Al mismo tiempo que se formula la pregunta, el monje da palmadas
en el aire, gesticula, a veces salta, grita y se ríe.

La respuesta ha de ser inmediata, sin dar tiempo a que intervenga la
mente.

Tras Rumtek seguí viajando por ciudades sagradas indias entrando
en ashrams de conocidos gurús, hasta que un mes más tarde coincidí el
día de la luna llena en el monasterio de Hemis, en el territorio indio de
Ladakh, cuando se celebraban las danzas de Padmasambhava con un
mes de diferencia sobre las de Rumtek. Asistí a ellas, pero no fue igual;
allí los monjes hacían comprar a los innumerables turistas un billete
por verlas, te perseguían por todas partes para que no te escaparas sin
pagar. Y las danzas las encontré inferiores, por lo que no las presencié
hasta el final ya que se habían comercializado en demasía.

Puerta de entrada al Monasterio de Rumtek

54. Auroville

Me hallo frente al Matrimandir de Auroville

Viajé en tren a la ciudad de Pondicherry (o Puducherry) para visitar el ashram del sabio Sri Aurobindo y su compañera, una mujer nacida en París de padre turco-judío y madre egipcia-judía, de nombre Mirra Alfassa, bautizada "La Madre" por Sri Aurobindo.

Sri Aurobindo nació en el siglo XIX en la vieja Calcuta (hoy Kolkata) y a los 7 años su familia emigró por un tiempo a Inglaterra, donde el niño Aurobindo estudió. De regreso a Calcuta años más tarde, Sri Aurobindo intervino en actividades políticas a favor de la independencia de la India del yugo británico, por lo que los ingleses lo encarcelaron durante 1 año. Poco después se refugió en Pondicherry, que era en esos tiempos territorio francés, de donde no podría ser extraditado y ser entregado a los ingleses.

Pero tras visitar ese ashram no me quedaría allí a dormir, sino a pocos kilómetros de distancia, en la ciudad experimental de Auroville, dentro del estado de Tamil Nadu, que me pareció mucho más interesante e intuí que me proporcionaría más conocimientos.

Llegué a Auroville cuando oscurecía a las oficinas de la recepción del "Visitor's Center" y solicité alojamiento. Telefonearon al hostal Sharnga (el nombre del arco de Vishnu). Había sitio, así que un rickshaw me condujo allí. La entrada era un jardín idílico, con estatuas de Buda y de dioses hindúes camuflados por entre el follaje. A cargo del hostal estaba Bernard, un hippy francés de los años 60 (del siglo XX) que me atendió con cortesía ofreciéndome una habitación, más el desayuno y la comida por unas 1000 rupias al día. Acepté al ver la calidad del lugar, mi excelente habitación con una gran cama y el trato humano de Bernard.

Precisamente ese día también se alojaba por primera vez un italiano de unos 65 años que lucía unos vistosos bigotes dalinianos. Se llamaba Diego y acababa de llegar de Milán. Se presentó como escultor y deseaba quedarse a vivir en Auroville hasta el final de sus días. Había traído con él una carpeta donde guardaba fotografías de sus trabajos de escultura y diseño, que mostraría al día siguiente en la administración de Auroville para rogar ser admitido como miembro, ya que solo conceden la residencia a aquellos candidatos que pueden aportar una actividad útil a la comunidad. De los occidentales se espera a gente especializada en tecnologías modernas, o con carreras universitarias, y también a artistas. La mano de obra sin especializar ya es cubierta por nativos indios.

Esa primera noche para la cena nos trajeron una deliciosa comida vegetariana preparada por la esposa de Bernard, una encantadora mujer tamil, de cuyas perolas uno podía servirse a placer. A la mesa también se sentó la hija de ambos, Radha, que era políglota y dominaba a la perfección las lenguas tamil, hindi, francés e inglés. También se sentaron otros huéspedes extranjeros del hostal, como Diego.

Bernard nos contó que viajó a la India para visitar lugares sagrados, hasta que oyó hablar del proyecto de crear una ciudad universal que perteneciera a toda la humanidad y donde hombres y mujeres de todos los países convivieran en armonía, por encima de las religiones, las ideologías, las razas y la política. Bernard se entusiasmó con la idea; era la sociedad utópica que había estado buscando, su Shangri-La. Por ello estuvo presente como miembro activo cuando en 1968 Auroville fue oficialmente fundada por La Madre.

Por la mañana alquilé una bicicleta a Bernard y pedaleé en dirección al centro de Auroville, hacia el Visitor's Center.

Por el camino me paraba para leer frases escritas en letreros de piedra acompañados de dibujos de flores, dedicados a la Paz, Igualdad, Receptividad, Progreso, Aspiración, Perseverancia, Gratitud, Humildad... y así hasta una docena. La placa de Coraje decía: "El que posee coraje puede transmitirlo a otros, como la llama de una vela que puede encender otra". En otra piedra leí: "Las flores son las oraciones del reino vegetal".

Era un camino inspirador. En Auroville se respetaban las normas del hinduismo y la filosofía de Sri Aurobindo y La Madre.

Leí los letreros de los pabellones dedicados a España, Francia, Italia, Tíbet, Rusia, África, el mundo árabe, Kazakstán, Japón, Corea del Sur, India, Canadá, Estados Unidos, Hungría, Alemania, Holanda...

Y es que de los aproximadamente 2300 residentes de Auroville que figuraban registrados más de la mitad eran occidentales, provenientes de los países citados en esos pabellones. En total, eran unas cincuenta las nacionalidades de los cinco continentes allí representadas por sus miembros. Tras los indios, los franceses eran los más numerosos, seguidos de italianos, alemanes y españoles.

El pabellón de España llevaba por título: "El Alma Española, Místicos y Héroes", y se mencionaba a santa Teresa de Jesús, el Camino de Santiago, el templo de la Sagrada Familia de Barcelona, Miguel de Cervantes, Alfonso X El Sabio, la plaza de toros de Sevilla, la Alhambra de Granada, el museo de las Ciencias de Valencia, la catedral de Burgos, Goya, Velázquez, y hasta el cuadro Guernica de Picasso.

Pero solo el pabellón del Tíbet estaba acabado. Consistía en dos plantas. Había fotos del XIV Dalái Lama, quien había visitado Auroville en diversas ocasiones, de los exploradores extranjeros del Tíbet, y una copia de una pintura del Himalaya del pintor ruso Nikolai Roerich. Un sector lo habían dedicado a la expedición inglesa de los años 1903-04 –comandada por el coronel Younghusband– invadiendo el Tíbet y asesinando a 700 tibetanos a su paso, lo que motivó que el XIII Dalái Lama huyera del palacio de Potala de Lhasa y se refugiara en Mongolia.

Había un apartado consagrado al budismo donde se recordaba a Milarepa, a Marpa El Traductor y hasta al viajero chino Xuanzang, a quien se le conocía por "el Peregrino". En ese pabellón no se olvidaban de criticar a China por haber invadido Tíbet en el año 1950.

Cercano al pabellón tibetano identifiqué un Inukshuk, o estatua de piedra de los esquimales del norte de Canadá.

En los letreros de una cafetería central se anunciaban clases de yoga, de Tai Chi, de sitar, de danzas de Gurdjieff, de baile Shiva Shakti, de filosofías de varios yoguis famosos de la India, de astrología, de curanderismo y hasta de lengua tibetana.

Un día entré en el museo dedicado al Matrimandir, o un templo para meditar. Matrimandir es una palabra sánscrita que significa el Templo de la Madre. Allí me introdujeron en la historia de ese templo con una película documental, y luego pasé a la sala donde se hallaba su maqueta.

Estaba diseñado como un mandala, o una representación simbólica y espiritual del cosmos. De hecho, todo en Auroville, incluida su playa, tenía un significado, todo estaba construido siguiendo un plano maestro muy meditado, semejante a una espiral en forma de galaxia.

Todos los "aurovillianos" eran interesantes. Pedía un café en una cafetería y la camarera, de Australia, me contaba su fascinante cúmulo de causalidades que la llevaron a viajar a Auroville, lugar donde quería vivir para siempre. Luego entraba en la librería y allí un francés de unos 70 años, llamado George, me ofreció una disertación sobre la rica historia de Tamil Nadu y su teoría sobre las civilizaciones antiguas. Más tarde trabé amistad con la vendedora de postales de una tienda (una mujer alemana) y me abrumó con información filosófica acerca de Sri Aurobindo y su sistema de yoga. Los habitantes de Auroville, desde luego, no eran seres ordinarios. El sitio más bien me pareció un museo a cielo abierto de seres vivos a la búsqueda de lo milagroso.

El cuarto día abandoné con pena Auroville, pero no podía quedarme allí más tiempo pues debía viajar a otros lugares sagrados de la India.

Maqueta del interior del Matrimandir

IRAK

55. Babilonia

La Puerta de Ishtar en Babilonia

Cuando viajé a Irak hube que acoplarme a un pequeño grupo de españoles, pues el turismo individual estaba prohibido. Eran los últimos años del gobernante Saddam Hussein y el país se hallaba en guerra contra Estados Unidos de América y Reino Unido.

Durante dos semanas visitamos lugares sagrados del islam, tales como Náyaf, donde se alberga la tumba de Alí (que era primo y además yerno del profeta Mahoma al casarse con su hija Fátima), considerado el cuarto califa por los sunitas, y para los chiitas su primer imán, o líder. Tras las ciudades de La Meca y Medina, ambas en Arabia Saudita, Náyaf es la más visitada por los peregrinos musulmanes chiitas. Los fieles que vi en la mezquita acariciaban la tumba de Alí, gemían exteriorizando dolor y depositaban billetes como ofrenda. Noté en Náyaf una devoción religiosa que no había visto ni siquiera en los santuarios de Lourdes o Fátima.

También entramos en la mezquita de Husayn, en Kerbala, que contiene sus restos. Husayn fue el segundo nieto de Mahoma y hoy es venerado por los chiitas como tercer imán. Kerbala representa el cuarto lugar más sagrado para los peregrinos chiitas, tras La Meca, Medina y Náyaf.

También estuvimos varias horas en el zigurat de Ur, donde nació Abraham, y visitamos una iglesia de la Iglesia ortodoxa siria y un templo de yazidíes. Ese corto viaje fue memorable, muy rico en conocimientos sobre sitios históricos y religiosos.

Pero el lugar que me dejó más huella fue Babilonia, nombre que significa "Puerta de Dios". Fuimos a ella en compañía de un guía local que nos impusieron para poder obtener el visado de entrada en Irak. Fue la capital del Imperio babilónico y en ella había más de 40 santuarios de la religión que se ha dado en denominar "mesopotámica".

Penetramos en sus ruinas a través de la histórica Puerta de Ishtar, que era la entrada al antiguo templo dedicado al dios Bel. Evidentemente, esa Puerta de Ishtar (una de los ocho puertas de entrada a la amurallada Babilonia) era una reproducción del siglo XX, pues la verdadera se la llevaron los arqueólogos alemanes y hoy, reconstruida, se puede admirar en el museo de Pérgamo, en Berlín. Ishtar era la diosa del amor y de la belleza, además de la patrona de las cortesanas sagradas que se entregaban con fruición a los fogosos soldados para consolarlos.

En el interior de Babilonia, a pesar de su estado ruinoso, con ladrillos de adobe por doquier, se percibía con fuerza la fabulosa energía que debió exhalar esa ciudad, que en un pasado constituyó la capital del mundo, cuando se contemplaban los relieves sobre sus murallas o se cruzaban sus puertas a modo de arcos. Gracias a nuestro guía vimos los restos del zigurat Etemenanki, que tenía siete plantas. Hay historiadores que conjeturan que los judíos del "Cautiverio Babilónico", que duró 7 años, al ver esta construcción escribieron la historia bíblica de la Torre de Babel.

Un lugar que nadie de ese complejo arqueológico, ni tampoco nuestro guía, nos supo indicar era la ubicación de los Jardines Colgantes de las murallas de Babilonia, que fueron considerados una de las Siete Maravillas del mundo antiguo.

En cuanto a la supuesta tumba del profeta Daniel que nos mostraron, no había seguridad de que hubiera estado en Babilonia. Es más, en un viaje posterior que realicé a Irán, al visitar la ciudad de Susa entré en un gran santuario lleno de peregrinos que rendían respeto al profeta

Daniel, lo cual me hizo deducir que la tumba de Susa tenía más probabilidades de ser la verdadera, y no la de Babilonia.

También visitamos restos de templos dedicados al dios Marduk, del que había una estatua de oro que le representaba; el del dios Nabu y también el templo de Esagila (casa de la sublime morada), más vestigios de las casas de los sacerdotes y gobernantes.

La religión mesopotámica, cuyo origen se remonta a 6000 años atrás, era politeísta, creó mitos, leyendas y prácticas adivinatorias.

A media tarde, los cinco viajeros españoles regresamos a Bagdad, a orillas de río Tigris. Para mí ese día fue el más memorable del circuito por Irak.

Muros de ladrillo de la antigua Babilonia

56. Templo Yazidí de Lalish

Me hallo junto a Baba Cawis, el sumo sacerdote de Lalish

Años después de mi primer viaje a Irak, regresé a ese país para explorar los lugares sagrados de la parte del Kurdistán, y la visita que me impactó más fue la que efectué a Lalish, el centro del yazidismo.

En la entrada a Lalish vi a un guardián armado. Los yazidíes han sufrido muchos pogromos a lo largo de su historia, siendo casi exterminados, y aunque el gobierno de la República del Kurdistán dentro de Irak les prometió respetar su religión y forma de vida, siempre hay fanáticos que quieren matar a aquellos que no profesan el islam, esclavizando a sus mujeres, que venden como si se tratara de ganado.

Lalish está ubicado en un pequeño valle rodeado de colinas arboladas. Es un lugar apacible. La forma cónica de algunos de sus templos me recordó a las pagodas de la India. Me descalcé para entrar en el recinto y entonces un guía se hizo cargo de mí para mostrarme los lugares sagrados, como el sepulcro del jeque Adi ibn Musafir, un maestro sufí nacido en el siglo XI en el Líbano, que era descendiente del cuarto califa omeya de Damasco. Adi ibn Musafir vivió largos años en Bagdad, hasta que decidió aposentarse en el valle de Lalish, donde murió.

Para los yazidíes ese jeque es el enviado de un ángel caído que se redimió, llamado Melek Taus (que significa "ángel pavo real"), por lo que la figura del pavo real con siete alas y doce plumas es el signo del yazidismo.

En la entrada a la puerta del templo principal yazidí había una efigie de una serpiente. El guía me contó que están agradecidos a la serpiente porque en la bodega del Arca de Noé apareció un agujero, pero la serpiente lo bloqueó con su cuerpo para que no entrara el agua y gracias a ello el arca no naufragó. Vi también un río subterráneo y el guía me instó a realizar allí una ceremonia con el agua, lo cual hice.

El guía también me explicó sobre la cosmogonía del ángel Melek Taus y me presentó a Baba Cawis, el sumo sacerdote de Lalish, el equivalente al papa del Vaticano, quien me invitó a pasar esa noche en el templo.

Todo lo que explicó el guía era de extraordinaria importancia. Estaba aprendiendo sobre una religión muy rara practicada por apenas un millón de personas.

Me pareció comprender que el yazidismo tiene similitudes con el zoroastrismo, y que ambas creencias proceden del mazdeísmo. La palabra "yazidí" es de origen sumerio y significa "el que está en el verdadero camino".

Al salir del templo fui invitado a pasar a un patio donde unas mujeres yazidíes acababan de preparar una comida basada en arroz con verduras y cordero. Me uní a los hombres, porque las mujeres y los niños comían aparte. Cuando terminamos nuestro almuerzo entramos en una cueva, que era una especie de punto de encuentro para tomar té y hablar.

Cuando me despedí de los nobles yazidíes que tan bien se portaron conmigo no podía prever que pocos meses después los fanáticos terroristas de un autoproclamado estado islámico en Irak invadirían Lalish, matando a casi todos sus hombres y vendiendo como esclavas sexuales a las mujeres jóvenes.

IRÁN

57. Santuario del Imán Reza

Viajé a Mashhad, la segunda ciudad más poblada de Irán, con un único objetivo: visitar un santuario erigido a inicios del siglo IX que alberga el mausoleo del imán Reza, la mezquita de Goharshad, un museo, una universidad, comedores para los peregrinos y otras instalaciones. Por otra parte, elegí la mejor fecha para mi visita: durante la ceremonia religiosa Ashura, cuando el día 10 (Ashura significa diez) del mes lunar musulmán de muharram se conmemora el día del martirio del imán Husayn y 72 de sus seguidores en la batalla de Kerbala (en el actual país de Irak).

Cuando el profeta Mahoma murió le sucedió el primer califa, Abu Bakr. El segundo fue Umar Ibn al-Jattab y el tercero, Uthmán Ibn Affán.

El cuarto califa, Alí Ibn Abi Tálib, que era primo de Mahoma, se había casado con Fátima, la hija de Mahoma; por ello, los chiitas declararon a Alí el primer imán. El segundo imán sería Hasan –un nieto de Mahoma–; el tercer imán fue Husayn, también nieto de Mahoma, que moriría en la batalla de Kerbala, la que enfrentó a las tropas enviadas por el segundo califa de los Omeyas contra el imán Husayn y sus familiares.

Los chiitas continuaron teniendo imanes hasta el doceavo, de nombre Mahdi, que desapareció en el siglo IX tras prometer volver para implantar un gobierno justo en el mundo al final de los tiempos.

En el interior del santuario del imán Reza en Masshad se encontraba el mausoleo del octavo imán, que fue envenenado. También allí se hallaba la tumba del Harún al-Rashid, califa sunita.

Precisamente Mashhad significa "mártir" en persa, nombre dado a la ciudad debido al asesinato del imán Reza. Antes, en la ubicación del actual santuario había un templo de la religión de Zoroastro. El lugar, en medio de un oasis, constituía entonces un caravasar en la Ruta de la Seda.

Las formas del santuario eran bellas. Me encantó el pórtico de la mezquita, que se asemejaba a otros que se pueden ver en las mezquitas y madrasas de Asia Central.

Para entrar en el santuario tuve que dejar mi bolsa en consigna y me advirtieron que estaba prohibido hacer fotografías en el interior. Sin embargo, una vez dentro todos hacían fotos con el teléfono móvil; la prohibición de fotografiar se limitaba a las cámaras.

Se dice que ese santuario puede albergar medio millón de peregrinos. Es uno de los más grandes del mundo musulmán.

Pasé varias horas escudriñando todos los vericuetos del complejo, incluidas las tumbas de Reza y Harún al-Rashid.

Una vez fuera, la conmemoración del Ashura fue un espectáculo chocante. Legiones de peregrinos paseaban por las calles de Mashhad exteriorizando el dolor por la muerte del imán Husayn, y muchos se flagelaban dándose latigazos en su espalda desnuda. Era doloroso verlos.

El día siguiente seguí viajando por Irán a la búsqueda de nuevos lugares sagrados.

58. Qom

Qom es la segunda ciudad más sagrada de Irán, tras la primera, que es Mashhad.

Fui a Qom a pesar de que varios amigos iraníes que conocí en un tren me recomendaron no ir a verla por ser la "ciudad de los ayatolás", como ellos decían, al haber estudiado en ella el famoso ayatolá Jomeini, a quienes muchos iraníes no aprecian.

No obstante, yo no viajé a Qom por el hecho de haber estudiado allí dicho ayatolá, sino porque sabía que en esa ciudad se venera el sepulcro de Fátima Masumeh, una mujer santa que era hermana del octavo imán Reza e hija del séptimo. Su santuario atrae anualmente unos 20 millones de peregrinos. Por otra parte, Qom constituye el centro de los estudios chiitas en el mundo entero.

Primero visité el grandioso santuario donde se preserva el mausoleo de la santa Fátima. Tuve que emplear los codos para abrirme paso de tantos peregrinos que había para ver el mausoleo de Fátima y tres hijas del noveno imán para rezar ante él. El octavo imán aseguró que quien peregrine al mausoleo de su hermana Fátima alcanzará el paraíso.

Al salir de ese santuario contraté los servicios de un taxista por unas horas para recorrer los lugares sagrados de los alrededores. En Irán la gasolina es más barata que el agua mineral embotellada, por ello el precio que me cobró fue módico.

El primer lugar adonde me llevó el taxista, a apenas 6 kilómetros de distancia, fue, con mucha diferencia, el más espectacular y bello de los que me enseñó: la maravillosa mezquita de Jamkaram.

Le pedí que me esperara una hora, aunque él se vino conmigo, lo cual agradecí, pues yo solo no habría dado con el pozo de los deseos que me mostró, donde estuvo el doceavo imán Mahdi en el siglo IX antes de desaparecer. Muchos peregrinos creen que el imán Mahdi reaparecerá por ese pozo.

Sepulcro de Fátima Masumeh - Dos detalles del Santuario

59. Templo del Fuego de Yazd

Yazd fue la ciudad que me resultó más entrañable en Irán, por encima incluso de la incomparablemente bella Isfahán. Y fue debido a las personas virtuosas que allí conocí y a los lugares sagrados que visité durante los 3 días que permanecí en ella.

Mi hotel, desde cuyo tejado tenía una fabulosa vista nocturna de la mezquita de Jameh mientras cenaba cordero con azafrán, poseía un patio interior que era un antiguo caravasar. Una pared mostraba un dibujo de Marco Polo donde habían escrito que, durante su viaje de regreso de China, se detuvo en Yazd y describió la ciudad de manera muy favorable.

La joven recepcionista me sugeriría cada mañana, tras el desayuno, cómo podía invertir ese día de la manera más provechosa y qué lugares sagrados visitar. Decía que los chiitas rezaban para que pronto llegara el día en el que los cristianos se convirtieran al islam bajo la variante chiita. Afirmaba que los chiitas son los verdaderos descendientes del mensaje de Mahoma, y que todos los terroristas son sunitas, ni uno solo es chiita. Es más, los sunitas odian a los chiitas.

Yazd era una ciudad preciosa con muchos atractivos turísticos, pero lo que más me impactó fue el templo Yazd Atash Behram, que fue erigido en 1934, según rezaba una placa fijada en él, y pertenecía al zoroastrismo. Económicamente ayudaron a su construcción los parsis, seguidores de Zoroastro que, escapando de la persecución religiosa de los musulmanes a mediados del siglo VII, se refugiaron en la ciudad india de Bombay (hoy Mumbay), donde hoy vive una gran colonia de ellos.

El nombre Atash Behram significa "Fuego Victorioso", pues en el interior del templo se halla una llama que está ininterrumpidamente ardiendo desde el año 470 y que, tras estar en diferentes lugares, fue llevada definitivamente a Yazd.

Ese templo, situado en unos jardines llenos de árboles frutales en los suburbios de Yazd, era más bien pequeño.

En la entrada al templo observé el "Faravahar" o el signo del zoroastrismo. Era el dios Assur junto a un sol alado, y en el interior vi un ejemplar del Avesta, el libro sagrado de los zoroastristas, además de pinturas que representaban a Zoroastro, el cual se supone que nació hacia el siglo VI antes de Nuestra Era en el este de Irán, o tal vez en Afganistán. Había muchos dibujos mostrando la vida familiar de los seguidores de esa religión, que hoy es practicada en diferentes partes de Irán, en la ciudad india de Mumbai y en algunas localidades de Pakistán.

Al zoroastrismo también se le suele denominar mazdeísmo por su dios principal Ahura Mazda (que significa "Señor de la Sabiduría"). Zoroastro habría sido un reformador del mazdeísmo, religión aún más antigua.

En ese templo vi el fuego eterno a través de una pared de cristal y cómo un zoroastrista lo mantenía siempre ardiendo. A los visitantes no nos permitieron acercarnos más, estaba prohibido para los no miembros de esa religión.

Me quedé varias horas en ese templo de lo bien que me trataron sus devotos zoroastristas. Me explicaron su cosmogonía, que más o menos recuerdo así:

"Dios, el principio de todas las cosas, se hallaba en su magnificencia junto a sus querubines y serafines. Pero notó que poco a poco, casi imperceptiblemente, su volumen iba disminuyendo debido a la acción del tiempo.

Esa reducción continua de su substancia llegó a preocuparle, pues de seguir así acabaría inexorablemente desapareciendo, y resolvió poner remedio a ello fragmentándose, diseminando su masa en una suerte de Big Bang, para hacerla dinámica, dándole vida propia e interrelacionando sus partes para que se enriquecieran, se nutrieran recíprocamente, intercambiaran sus substancias, transformándose, para ir escalando en una espiral de retorno a Él.

De este modo fueron creadas las galaxias, las estrellas y, por último, los planetas, con vida animada en ellos.

Tras observar el éxito de su obra y comprobar que ya no perdía más substancia, Dios amó con infinita ternura el mundo que había creado y se sintió complacido; había vencido al tiempo en una lucha titánica a muerte".

En el mazdeísmo existe un dios del tiempo, llamado Zurván, nombre que deriva de la palabra persa "zrvan", que significa precisamente "tiempo". Pero Zurván no es un dios maligno, sino un dios neutral, pasivo, indiferente. Zurván simplemente "fluye" ajeno a todo, pero debido a ese transcurrir es letal e implacable, pues el tiempo lo consume todo, devorándolo, aniquilándolo. Debido a la acción inevitable del tiempo, desde un principio nada es permanente, ni siquiera Dios.

Tan importante era la figura de Zurván en el mazdeísmo antiguo que se creó una secta, el zurvanismo (hoy extinta), y en ella Zurván representaba al inclemente tiempo, pero trascendió su categoría y, a pesar de ser hermafrodita, dio a luz a dos hijos, que son Ahura Mazda, que representa el bien y la vida, y Ahriman, que es el mal y la muerte. En esa secta el Mal de por sí no existe; es simplemente la ausencia del Bien.

El hombre, al estar hecho a la imagen y semejanza de Dios (aunque a un nivel inferior), es un instrumento importante en su designio de vencer al tiempo, sutilizándose para desarrollar el alma, cuya substancia destilada es necesaria para el mantenimiento del universo, según el proyecto de Dios.

La Tierra, como hogar del género humano, contribuye también a ese propósito convirtiéndose en una "fábrica" de producir almas, creando las condiciones necesarias para la vida física del hombre.

Para los zoroastristas todo tenía sentido, todo era perfecto. Ellos creían que la creación del mundo era una extraordinaria obra maestra de arte, y Dios había actuado como un hombre de negocios que, en vez de introducir su dinero en un calcetín y esconderlo bajo el colchón, lo que devaluaría su valor constantemente, lo invierte con éxito en una gran empresa y lo multiplica sin fin.

Agradecí la explicación y al salir del templo contraté un taxi en compañía de tres turistas que estuvieron conmigo en el templo, y nos dirigimos a las Torres del Silencio, a unos pocos kilómetros de distancia, donde hasta 1970 se depositaban los cadáveres de los seguidores del zoroastrismo en un pozo en lo alto de esas torres para que los buitres los devoraran, ya que los zoroastristas consideraban que si se enterraba el cadáver la tierra se corrompería, y si lo arrojaban al mar las aguas se contaminarían.

Yo subí a las dos torres y miré dentro de un pozo a ver si al menos había restos de las gafas o los zapatos que los buitres no se habían comido de los últimos cadáveres. Pero no; los pozos estaban limpios. Al lado de la entrada al territorio había un cementerio que el Gobierno de Irán les había obligado a construir para enterrar a sus muertos.

Cuando días más tarde visité las impresionantes ruinas de Persépolis, encontré a pocos kilómetros, dentro del recinto arqueológico de Naqsh I-Rustam, una edificación zoroastrista que me llamó la atención. Se llamaba Ka'ba-i-Zartosht, o el cubo de Zoroastro. Era una gran torre cuadrada de piedra que en el pasado debió ser un altar de fuego.

Me hallo frente al templo Yazd Atash Behram

ISRAEL

60. Centro Mundial Bahaí

Los jardines del Centro Mundial Bahaí

Navegué desde el puerto chipriota de Limasol hasta Haifa, en Israel. La entrada fue espectacular. Lo primero que me llamó la atención de Haifa al acercarse el barco fue la vista de unos jardines inmensos sobre una ladera del monte Carmelo que me parecieron paradisíacos; en la cima se erguía un bello edificio. Uno de los pasajeros me informó que esos jardines formaban parte del Centro Mundial Bahaí, una religión originaria de Persia (hoy Irán).

Al desembarcar y salir de la Emigración israelí lo primero que hice fue subir a los jardines colgantes. Los guardianes me dejaron visitar parte de ellos y del complejo, aunque no todo, pues había espacios reservados para los bahaíes. Uno de los guardianes me preguntó la nacionalidad y al decirle que era español llamó a una guía que también hablaba mi lengua para que me acompañara a varios sitios, siendo el primero una especie de centro de interpretación para proporcionarme folletos y responder a mis preguntas sobre su religión. Todos los retratos de profetas del bahaísmo que me mostró la guía en el sector de la historia de su fe eran iraníes.

Me gustó especialmente la arquitectura del mausoleo del Bab, que era la construcción que había avistado desde el barco. Junto a ella, la guía me explicó que a mediados del siglo XIX un persa que se hizo llamar Bab (la puerta) fundó una nueva religión, llamada babismo, como una continuación del islam. El hecho de que Bab se considerara una aparición del desaparecido doceavo imán de los chiitas y atrajera a muchos seguidores no gustó a las autoridades y lo acabaron fusilando pocos años más tarde en la ciudad persa de Tabriz. También martirizaron a varios miles de sus adherentes.

Pocos años más tarde, uno de los más notables discípulos del Bab, que se hizo llamar Bahá'u'lláh (La Gloria de Dios) y había nacido en Teherán, se proclamó profeta y estableció el bahaísmo, la novena y última religión de la humanidad según él. Las ocho anteriores habrían sido: hinduismo, mazdeísmo, budismo, la antigua religión de los sabeos, judaísmo, cristianismo, islam y babismo.

A Bahá'u'lláh no lo fusilaron, pero lo encerraron en una mazmorra persa varios meses, tras lo cual fue exiliado y recaló en varias ciudades, como Bagdad, Estambul, Alejandría y aún otras, hasta que finalmente se estableció en Acre, hoy Israel, donde al principio fue encarcelado. En Acre escribió su obra principal, titulada "El libro más sagrado". En esa ciudad murió a finales del siglo XIX.

Para los bahaíes el número 9 es sagrado, por eso todos sus templos esparcidos por diversos países del mundo (Uganda, Samoa, Panamá, Chile, India, etc.) tienen 9 caras representando las 9 religiones. El año lo dividen en 19 meses de 19 días cada uno, y los días restantes hasta los 365 son considerados especiales. Sus libros sagrados, además de los propios, incluyen desde el Avesta al Mahabharata, pasando por la Torá, la Biblia y el Corán. No beben alcohol, al igual que los musulmanes, y la mujer está valorada al mismo nivel que el hombre, por ello consideran al hombre y a la mujer como las dos alas de una misma ave. Para los bahaíes la Tierra es un solo país y la humanidad son sus ciudadanos

Cuando finalizó la excursión pregunté a la guía si podría quedarme allí a dormir, pero me dijo que no; la pernoctación estaba reservada solo para los adherentes del bahaísmo. No obstante, salí de allí satisfecho por todo cuanto había aprendido en un lugar tan sagrado como encontré ese Centro Mundial Bahaí.

61. Jerusalén

La Cúpula de la Roca y el Muro de las Lamentaciones

En Israel viví por una temporada en un kibutz, o granja comunal, trabajando como voluntario de jardinero. Los habitantes eran todos judíos y entre ellos había muchos argentinos, por lo que el idioma español era muy utilizado. Cada semana los voluntarios extranjeros disponíamos de dos días libres para poder viajar por el país. Yo aprovecharía ese tiempo para conocer sitios sacros, en especial los relacionados con la Biblia.

Fue así que visité el mar de Galilea, el mar Muerto, Hebrón, Jericó, Cafarnaúm, Nazaret...

Pero el lugar más fascinante de todos fue el centro histórico de Jerusalén. Penetré en esa sagrada ciudad por la Puerta de Damasco. Una vez dentro de las murallas me quedé subyugado por la atmósfera tan íntima y sobrecogedora. Hallé un albergue en sus históricas callejuelas y me alojé en él. Luego deambulé por el centro sin ningún objetivo concreto; iba entusiasmado, sonriente, todo me parecía bello, perfecto.

Entré en iglesias, fueran católicas, ortodoxas o armenias, en sus mezquitas y sinagogas. Jerusalén es la ciudad que más amo del mundo, la que me suscita los sentimientos más íntimos; toda ella constituye un grandioso lugar sagrado.

El segundo día lo dediqué a conocer la Explanada de las Mezquitas, sobre el llamado Monte del Templo, que estaba muy frecuentada por peregrinos musulmanes, pues Jerusalén es una ciudad santa para tres religiones: judaísmo, cristianismo e islam.

En esa explanada admiré durante varias horas el Domo de la Roca, la Cúpula de la Cadena, cuatro minaretes y la mezquita de al-Aqsa. Jerusalén es, para los musulmanes sunitas, la tercera ciudad más sagrada, tras La Meca y Medina, pues desde el Monte del Templo el profeta Mahoma fue elevado al cielo.

Luego visité también el Muro de las Lamentaciones, único fragmento superviviente del Templo de Jerusalén que custodiaba el Arca de la Alianza. El primer templo lo destruyeron los babilonios. Se reconstruyó un segundo templo para ser otra vez destruido siglos más tarde, esta vez por los romanos.

Ese muro es, desde hace 2.000 años, el sitio más sagrado para el Judaísmo, religión cuyo líder fue Moisés, que había nacido en Egipto y liberó y condujo a los israelíes esclavizados por los egipcios a la Tierra Prometida, hoy Israel.

Al llegar al muro, unos judíos a la entrada hicieron que cubriera mi cabeza con una kipá, o gorro ritual hebreo, como es la norma. Caminé unos pocos metros hasta el muro y lo acaricié.

En ese muro los judíos no paraban de rezar inclinando el cuerpo hacia delante repetidas veces a la vez que recitaban letanías e introducían entre las rendijas de las piedras unos papeles, que eran deseos y oraciones.

De improviso se acercó a mí un rabino sefardí vestido con pantalones y chaqueta negra, camisa blanca, un sombrero negro y con tirabuzones en las patillas. Supuse que los guardianes del muro que me habían entregado la kipá adivinaron mi nacionalidad española por mi acento al hablar inglés y por ello habían enviado a ese hombre. El hecho es que el sefardí era muy simpático y me encantaba oír su acento del español antiguo y las palabras arcaicas que utilizaba, así como los giros gramaticales de los tiempos de Cervantes. En cierto momento me bendijo sin yo habérselo pedido, tras lo cual me pidió dinero. Y yo le di una propina de lo bien que me cayó ese hombre.

62. Basílica de la Natividad en Belén

El lugar preciso del nacimiento de Jesucristo

Visité la sacrosanta ciudad de Belén durante un día que tuve libre en el kibutz donde trabajaba. Abordé un autobús en Jerusalén, que tardó una media hora en llegar a Belén.

Aunque Belén parecía una población grata y vi mezquitas curiosas, mi objetivo primordial era entrar en la basílica de la Natividad. Había muchos turistas, prácticamente todos extranjeros, y para entrar abajo en la cueva tuvimos que pasar por un pórtico muy estrecho debiendo bajar la cabeza para no darte un golpe. Pronto advertí el sagrado sitio en un hueco. En el suelo había una estrella de plata con 14 puntas. Me extrañé del número, pues al contarlas suponía que habría 12, como los 12 discípulos de Jesucristo. Un poco más arriba había lamparillas y, según un religioso armenio con quien hablé un poco, el total de lámparas era 15, a razón de 6 para los ortodoxos griegos, 5 para los armenios y 4 para los católicos. También leí una frase en latín (Hic de Virgine Maria Jesus Christus natus est) que traducida al español decía algo así como que allí la Virgen María dio a luz a Jesucristo.

Me hinqué de rodillas en ese lugar y permanecí un buen rato rezando y dando a Jesucristo las gracias por habernos legado 2000 años de amor. No podía sentirme más feliz de haber alcanzado un lugar tan trascendental en la historia de la humanidad.

La iglesia no carecía de interés, pues era la más antigua en toda Palestina e Israel permanentemente activa, exactamente desde el siglo IV. Al salir de allí seguí a unos peregrinos rusos que se dirigían a pie a los santos lugares de los alrededores. Y a media tarde regresé a Jerusalén.

JAPÓN

63. Bukkokuji

Una serie de encuentros, primero en Tokio con Peter, un estadounidense de Nueva York, y días más tarde con un monje budista de Kioto llamado Bunsan, me condujeron al monasterio Bukkokuji, en la región de Chubu, donde ingresé como monje Zen por una temporada.

El maestro de Bukkokuji era una persona a la que admiré con todo mi ser. Se llamaba Harada Tangen Roshi y nos dirigíamos a él como Roshisama.

Mientras que a Bunsan le debo el apreciar las cosas pequeñas, Roshisama me enseñó a vivir el ahora ("ima") y el aquí ("kokó"), es decir, a estar consciente de la vida en todo momento sin dispersar mi mente en pensamientos parásitos. Las bases de la enseñanza de Roshisama, además del ima y kokó, eran observar la simplicidad, la compasión y la ausencia de egoísmo. También enseñaba sobre el drama que vive el universo y el puesto del hombre en él. El planeta Tierra era considerado una especie de "fábrica" de producir almas a través del hombre, el cual, si adopta un camino virtuoso sutiliza substancias de las cuales se nutre el universo para su mantenimiento y desarrollo.

Antes de nacer, a su madre le aconsejaron abortar, pues de seguir adelante con el parto ella moriría, pero prefirió dar a luz a su hijo, y justo al hacerlo ella murió. Ese sacrificio materno marcó al pequeño Harada para toda su vida. Durante la Segunda Guerra Mundial quiso devolver ese sacrificio y se inscribió como piloto kamikaze en el Ejército japonés. Justo cuando ya estaba a bordo de su avión para volar y estrellarse sobre un buque de guerra estadounidense, el emperador Hirohito anunció en todo el país que Japón se rendía y ordenó deponer las armas a todos los soldados. Tras ello fue enviado como prisionero de guerra a Siberia junto a muchos más soldados japoneses. Él fue el único superviviente; todos sus demás compañeros morirían cruelmente en un GULAG. Cuando fue liberado de la Unión Soviética y devuelto a Japón en el año 1946, sin saber qué hacer con su vida, pidió consejo a gente sabia y le enviaron a un monasterio al norte de Kioto. Y allí encontró su destino, se hizo monje Zen y eventualmente se convirtió en el maestro del monasterio Bukkokuji.

El Zen es la versión japonesa del sistema Chan en China, o una variante de la doctrina Mahayana. El precursor fue el maestro indio Bodhidharma en el monasterio de Shaolin.

Los monasterios de budismo Zen utilizan dos sistemas de enseñanza: Soto y Rinzai. El sistema Soto consiste en la meditación, y los monjes pasan la mayor parte del día meditando en el templo. El sistema Rinzai se basa en el trabajo constante. Bukkokuji combinaba ambos sistemas.

Bukkokuji se hallaba situado a los pies de una montaña. Consistía en un templo principal donde estaba el comedor, la cocina, el ofuro o baño, el dormitorio del maestro y el de las mujeres. A la derecha del templo, en un primer piso, estaba el zendo o sala de meditación zazen, y habitaciones para monjes en la planta baja. A la izquierda había otro pequeño templo habilitado como dormitorio, donde dormía yo junto a varios japoneses, y al fondo estaban los lavabos. Los tres edificios, construidos con madera y bambú, estaban rodeados de jardines. También había campos donde se cultivaban tomates, arroz, lechugas y verduras. Más allá de los campos estaba el cementerio del monasterio.

Desde el primer día constaté que en ese monasterio se buscaba la perfección en todo momento, en todos los actos; todo allí era importante, se sentía que vivir era sagrado.

Por la mañana el gong sonaba a las cuatro menos diez, y a las cuatro debíamos estar en la sala zendo para el zazen una vez recogidas nuestras mantas y después de habernos lavado la cara. Tras la primera sesión de zazen hacíamos una carrera alrededor del pueblo que duraba unos tres cuartos de hora, acabada la cual añadíamos media hora de gimnasia dentro del templo. Eran unos ejercicios muy difíciles y muchos parecían imposibles de ejecutar. Acabada la gimnasia entrábamos de nuevo en el zendo para el zazen y, tras otra sesión de cuarenta minutos, íbamos a desayunar sopa de algas marinas, frutas, arroz integral y hojas de árboles rebozadas con harina. Disponíamos de diez minutos antes de comenzar el samu o trabajo.

Me enviaron al monte con dos monjes a arrancar con una picoleta bambúes pequeños para la sopa. Otros días íbamos con una barca al mar a recoger algas, o bien ayudaba en el campo, fregaba los platos, limpiaba los lavabos, o arrancaba las malas hierbas del jardín a excepción de unas especiales con las hojitas desparramadas hacia arriba, ya que Roshisama afirmaba que atraían energía sutil del cielo; de hecho, como él afirmaba, nosotros éramos producto de las estrellas.

Después del trabajo había otra sesión de zazen, y tras la comida vegetariana disponíamos de casi una hora para leer, dormir o pasear. Roshisama me enseñó la posición más adecuada para pasear: lento el paso y las manos por delante del cuerpo, sosteniendo la izquierda a la derecha. Decía que a una posición física corresponde una actitud mental, y esa era la más favorable para no desviar la atención en pensamientos perniciosos.

Terminado el tiempo libre, entrábamos en el templo para cantar canciones religiosas, recitando unos mantras y los nombres de los maestros del pasado en un ambiente sobrecogedor.

A media tarde había una hora social. Roshisama y los monjes nos sentábamos en el suelo de la biblioteca para conversar desenfadadamente sobre cualquier tema intrascendente, bromeábamos, bebíamos té y comíamos okashi –unos dulces que traían los habitantes del pueblo–. Roshisama tenía un gran sentido del humor y siempre era el primero en provocar la hilaridad. Lo único que no quería durante ese tiempo era que nos sentáramos encorvando la espalda. Decía que debíamos utilizar nuestro cuerpo con dignidad, y no como mujeres viejas.

Para las comidas nos poníamos en cuclillas. Cada uno de nosotros disponía de tres boles de diferentes tamaños, uno dentro del otro y envueltos en una servilleta, a cuyo conjunto se le llamaba orioki, más dos palillos. El maestro recitaba una oración, se colocaban las ollas de comida sobre la mesa y el monje más cercano a ellas servía a los vecinos. Generalmente, en el bol mediano se vertía sopa de bambú y tofu, en el grande había arroz integral con un poco de mantequilla, semillas de sésamo y soja, mientras que en el bol más pequeño se comía ensalada y otras veces fruta, más una rebanada de rábano de color amarillo que servía para limpiar los tres boles al final, comiéndose después. Si se quería repetir se le hacía una señal con las manos al monje repartidor, quien te tomaba el bol y te servía un poco más. Mientras tanto se permanecía en actitud de agradecimiento manteniendo juntas las palmas de las manos. Era normal emitir ruidos con la boca al comer, e incluso eructos, pues así se saboreaba mejor la comida. No se hablaba durante las comidas, y una vez que todos habíamos acabado el maestro indicaba mediante un signo el inicio de la limpieza de los boles con la servilleta. Nada sobraba, todo se comía, y hasta se bebía el agua caliente que te echaban para enjuagar los cuencos. Una vez que los tres boles estaban limpios, todos al unísono atábamos la servilleta alrededor de ellos e introducíamos nuestros palillos dentro de un sobre con nuestro nombre. Se recitaba una pequeña oración, se levantaba el orioki y nos poníamos de pie.

Ya entrada la noche, Roshisama nos iba llamando uno a uno para la enseñanza individual. A los monjes antiguos les asignaba un koan, una especie de paradoja que se había de resolver trascendiendo la lógica. A mí cada día me enseñaba un poco más sobre la respiración y a adquirir una actitud de conciencia durante la vida de vigilia. Al indicarle que no podía concentrarme durante el zazen debido a pensamientos parásitos que pasaban por mi mente, él me explicaba:

—No debes respirar como la gente ordinaria. Has de sentir el ritmo del universo; cada bocanada de aire es un producto de las estrellas y debes apreciarlo como tal. No te inquietes si mil pensamientos aparecen en tu mente que te distraen; no los rechaces, pero tampoco los sigas; deja que desaparezcan por sí mismos.

Acabada la cena entrábamos en el zendo para la sesión de zazen de cuarenta minutos. Tras ello íbamos al ofuro y después a dormir.

Llegó una semana especial en la cual practicaríamos sesshin, o jornadas intensas de meditación en el zendo, unas 12 horas al día. Durante esa semana no se podría hablar siquiera, no dispondríamos de tiempo libre y dormiríamos menos de seis horas diarias. Acudieron desde diversas partes del país monjes y estudiosos del Zen para participar en esa semana de sesshin.

En el centro de la sala de zazen había una bonita figura de bronce representando a Monju Bosatsu, que en el Tíbet se conoce como Manjushri, quien fue compañero de Buda. Encarna la sabiduría y el estado de Satori (o "iluminación"). En esa estatua se le representaba sentado sobre un animal de aspecto muy fiero (las pasiones), al que dominaba.

Y así, estaba sentado en posición de flor de loto cuando veía a veces al maestro cómo con mucho sigilo propinaba inesperadamente a algún monje un golpe de keisaku –o bastón– en el hombro, para revitalizarle. A veces el mismo monje, al sentir que se distraía o perdía fuerzas, pedía voluntariamente mediante un gesto que le golpearan.

Cuando en el año 2018 un amigo budista polaco me informó que el bondadoso y sabio Roshisama acababa de fallecer en Bukkokuji, a los 93 años de edad, mi corazón se afligió.

64. Kumano Kodo

Hongu Taisha y el dibujo del cuervo de las tres patas

Desde Tokio viajé en un autobús nocturno a Tanabe, en la región de Kansai; luego abordé un minibús a Takihiri, el "Kilómetro Cero" del peregrinaje que iba a acometer, el más famoso de Japón. Junto a un gran Torii (arco tradicional japonés que da entrada a sitios sagrados) había una caja de madera con un sello y tinta para ir anotándome los lugares en la Credencial del Peregrino que me proporcionaron en la Oficina de Turismo de Tanabe. Esas cajas las encontraría cada pocos kilómetros para completar los sellos en la credencial y poder justificar el peregrinaje a pie.

Kumano Kodo es un camino de peregrinación que lleva a Kumano Sanzan (San en japonés significa tres, debido a los tres grandes santuarios de ese peregrinaje: Hongu Taisha, Hayatama Taisha y Nachi Taisha). El número 3 también está representado en el emblema del Kumano Kodo: un cuervo con 3 patas, que smbolizan el cielo, la tierra y la humanidad.

Ese peregrinaje se ubica en la península de Kii, al sur de Kioto y Nara, y ha sido desde tiempos antiguos honrado como un lugar sagrado donde viven los dioses, espíritus y genios del sintoísmo. Durante cientos de años los emperadores japoneses han hecho ese peregrinaje a pie, ordenando la construcción de refugios para ayudar a los peregrinos. En el pasado, Kumano era la "Tierra de Yomi", el territorio mitológico de los muertos.

Durante el peregrinaje no me encontré con nadie, aparte de los paisanos en los dos o tres pueblos que crucé. Todos se quedaban extrañados al verme, pues estaba en el mes de diciembre, cuando nadie realiza ese peregrinaje debido al frío. Por el camino había máquinas de venta de café y refrescos, y hasta cabinas telefónicas. En cada kilómetro habían instalado un pilón de madera con un número (del 1 al 75), y muchos signos (en japonés y en inglés) te señalaban la senda, a manera de las flechas amarillas en el Camino de Santiago.

El paisaje del Kumano Kodo es extraordinario y bellísimo, totalmente montañoso; atravesé bosques de cedros, exuberante follaje, ríos y arroyos, más cascadas. Pero no experimenté la misma sensación que en el Camino de Santiago. Los Oji –o templos– del Kumano Kodo (algunos erigidos durante el siglo IX, que combinaban budismo con sintoísmo y viejas creencias japonesas, armonizando el cielo, la tierra y el hombre) los encontré abandonados.

A la llegada al santuario Hongu Taisha, la meta de las tres variantes del Kumano Kodo (yo elegí la Nakahechi, que es Patrimonio de la Humanidad por la UNESCO y está hermanada con el Camino de Santiago en España), encontré el gran Torii, que con sus 34 metros de altura constituye el más grande de Japón.

El peregrinaje me tomó tres días con dos noches. La primera, dormí en un templo budista abandonado; la segunda, en una especie de refugio en medio del follaje. El tercer día alcancé el pilón del kilómetro 75. Una vez en el pueblo del santuario Hongu Taisha, me dirigí al edificio de recepción de los peregrinos, y al presentar la Credencial del Peregrino con los sellos de los Oji del camino me entregaron un certificado de madera conforme había realizado el Kumano Kodo a pie. Acto seguido, todos los empleados de esa oficina, a una señal del jefe, me saludaron al unísono con sonrisa abierta inclinando el cuerpo hacia delante hasta alcanzar los noventa grados, en señal de respeto.

65. Itsukushima

El Torii de Itsukushima

En Hiroshima tomé un simpático tranvía al puerto de Miyajimagu-chi, donde abordé un ferri que cruzó el mar interior de Seto hasta la isla de Itsukushima. La vista de un Torii erigido sobre el agua me emocionó durante la travesía; parecía flotar. Era majestuoso, de belleza serena; al contemplarlo uno sentía que estaba frente a una obra de arte del hombre, un lugar sagrado y especial del planeta. Mide 16 metros de altura por 24 de ancho y su primera construcción se remonta al siglo VI.

Al desembarcar me paseé por el pueblo y advertí que pululaban por la isla numerosos ciervos que descansaban tumbados sobre los jardines. En un letrero leí que había unos 2000 y eran inofensivos. Ascendí a la pagoda budista de los cinco pisos (llamada Gojunoto) para visitarla y obtener una buena vista sobre el entorno, y después entré en varios santuarios sintoístas, como el de Gumonjido. Al comenzar a oscurecer me entró hambre y me comí media docena de ostras junto al embarcadero. Tras ello determiné dormir a los pies de ese gran Torii para ser fiel a mi costumbre de pasar la noche junto a lugares sagrados del planeta, como Stonehenge, la Esfinge de Guiza o el castillo cátaro de Montségur.

Desplegué mi saco de dormir y me instalé en las arenas frente al Torii para así contemplarlo mientras conciliaba el sueño, pues la perfección de sus graciosas formas me había hechizado. Al rato me quedé dormido.

Serían las 2 de la noche cuando me desperté debido a que la marea había subido y el agua había penetrado en mi saco de dormir, mojándome hasta las rodillas. Rápidamente me mudé a un banco de madera de un jardín vecino junto a un templo sintoísta y traté de proseguir mi sueño. Pero fue en vano, pues los ciervos me lamían la cara y, aunque los echaba, ellos regresaban y se quedaban frente a mí impertérritos, mirándome todo el rato. Ya no dormiría. El resto de la noche lo pasé ensimismado, con la mirada proyectada hacia el gran Torii, hasta que amaneció, desayuné seis ostras, retorné en ferri a Miyajimaguchi y continué completamente exaltado mi viaje por los lugares sagrados de Japón.

66. Monte Fuji

Existen cinco puntos de partida para alcanzar la cima del monte Fuji (que los japoneses denominan "Fujisan"), de 3776 metros de altura, cuyo ascenso está solo permitido durante los meses de julio y agosto, y que son: Mishima, Fujinomiya, Gotemba, Subashiri y Kawaguchiko. Yo elegí Kawaguchiko, desde donde tomé un autobús hasta los 2300 metros de altitud, en la quinta etapa (existen diez etapas). De allí comencé a ascender a pie. Había miles de japoneses recitando letanías del sintoísmo por el camino.

Caminé durante cinco horas realizando breves paradas. Había antiguas casas de los oshis –monjes que asistían a los peregrinos–, que eran utilizadas como ryokán o dormitorios con colchones por los suelos, donde uno se podía quedar a dormir a un precio moderado. También se vendía té en las casas de los oshis, y agua potable a razón de 100 yenes por vaso. Si deseabas que te pusieran un sello o muesca en el bastón (yo no llevaba) te pedían 100 yenes. Todo estaba comercializado en ese sendero; pero era bello, durante mi subida vi lagos y multitud de cedros.

Al llegar a la novena etapa, casi en la cima, me acosté en un ryokán. Me levanté a las 5 de la mañana y caminé pasando por un torii hasta la cima del monte Fuji para disfrutar de nuevo la vista maravillosa del entorno y la salida del sol. Un peregrino japonés con quien ascendí los últimos metros me dijo con orgullo que el cráter del Fujisan es el más perfecto del mundo. En la cima había un radar meteorológico que se podía visitar.

Me recreé durante varias horas allí arriba junto al santuario Kusushi. Ante la visión del entorno comprendí por qué el Fujisan es un lugar sagrado. Para descender preferí hacerlo en dirección a Mishima, por no repetir el mismo sendero.

Al llegar a Mishima observé que había fiestas, fuegos artificiales, tracas, cañones de bambú que disparaban bengalas, y la gente bebía sin coerción vasitos de sake. Al saber que era un extranjero que había realizado a pie el peregrinaje al monte Fuji, muchos japoneses me saludaron inclinando el cuerpo hacia adelante hasta alcanzar los 90 grados.

KAZAJISTÁN

67. Mausoleo de Khoja Ahmad Yasawi

Al llegar a la ciudad de Turkestán me dirigí al mausoleo de Khoja Ahmad Yasawi, compré el billete de entrada y determiné estar dentro del complejo hasta que empezara a anochecer, para así conocer el mausoleo, las murallas, museos, una mezquita subterránea y aún otros lugares relacionados con la historia del lugar.

Primero rodeé las murallas y me subí a ellas. A continuación penetré en el mausoleo en sí, cuya cúpula de azulejos dorados y de color verde me sedujo. En su tiempo fue la cúpula más grande de Asia Central. En su interior se albergaba la tumba del gran santo sufí Khoja Ahmad Yasawi (Khoja –o Khwaja– es un título que se otorga a los maestros sufíes). Vi a varios fieles que rezaban en una ventana con celosía desde la que se podía distinguir la tumba del maestro a corta distancia. Es el principal lugar de peregrinaje de los musulmanes kazajos y se considera que, para el que no pueda viajar a La Meca, la visita del mausoleo de Khoja Ahmad Yasawi equivale a haber realizado el hach.

Khoja Ahmad Yasawi es el autor del celebrado "Libro de la Sabiduría", que contiene poemas místicos. Nació en una población al sur de Kazajistán, luego vivió en Bujará (Uzbekistán), para finalmente instalarse en Yasi (hoy Turkestán) en el siglo XII. A sus 63 años, la edad de Mahoma, se enterró en una celda subterránea –que él mismo cavó– para dedicarse a la meditación, hasta que expiró. Unos dos siglos más tarde el conquistador Tamerlán ordenó erigirle un mausoleo, pero tras su muerte a inicios del siglo XV fue abandonado, y así sigue hasta nuestros días.

Empleé aún varias horas en acabar de conocer el sitio. Aparte del mausoleo disfruté de la visita a la mezquita subterránea, y allí observé una gran pintura representando a una hermandad de derviches en cuclillas (Khoja Ahmad Yasawi llegó a ser un murshid, o jefe de un tekke de una orden sufí que él mismo fundó, llamada, precisamente, orden Yasawi), donde se reunían para practicar el ritual zikr y discurrir sobre el sentido de la existencia. Contemplando esa pintura se sentía espiritualidad en el interior de esa mezquita, más que en el mausoleo.

Esa orden sufí era la primera fundada por turcomanos de Asia Central, y en ella se introdujeron muchos elementos del chamanismo.

Interior del Mausoleo de Khoja Ahmad Yasawi

KIRGUISTÁN

68. Montaña Sagrada de Sulaiman-Too

Llegué a la ciudad kirguisa de Osh ya oscuro, tras un largo viaje en un jeep compartido desde la República de Gorno Badakhshan (en Tayikistán). Mi intención era visitar los petroglifos de la Montaña Sagrada de Sulaimain-Too.

Al día siguiente salí temprano de mi hotel y me dirigí a pie a la famosa montaña. Era imposible perderse; la montaña es descomunal y se veía desde cualquier parte de la ciudad. En la falda compré el billete de entrada. Justo en la falda se hallan los petroglifos, que no encontré nada interesantes. Además, estaban sin protección y cualquier gamberro podía acercarse y con un cuchillo escribir en la roca cualquier frase estúpida, como algunas que vi, que decían: 'yo estuve aquí' y la fecha.

Inicié la subida de la montaña haciendo pequeñas paradas para descansar y admirar el paisaje.

Una vez en la cima del primer pico (había varios de ellos) me detuve ante una mezquita diminuta. Noté que varios nativos kirguises en su interior rezaban mostrando las palmas de las manos hacia arriba; la mayoría eran mujeres. El jefe de ellos, que hacía las veces de imán, al notarme extranjero propuso que me uniera a la oración, lo cual hice. Me descalcé y también recé como ellos. Al acabar, el imán me contó que eran peregrinos y me invitó a visitar las siete cuevas sagradas que alberga esa montaña para mejorar mi salud, pues todas ellas poseen propiedades curativas. Una cueva te alivia el dolor de espalda, otra el del corazón, otra te alargaba la vida, otra te conserva la vista, etc.

Acepté la invitación y nos dirigimos al interior de una cueva tan estrecha que había que reptar para llegar al final de ella. Era la cueva que te ayudaba a tener una espalda bien sana para toda la vida. El imán fue el primero en entrar. Luego fui yo. Había que avanzar de espaldas, descalzo. Tras unos 5 minutos, en el transcurso de los cuales tenías la sensación de quedarte atrapado sin poder avanzar ni retroceder, tanteando en la oscuridad, llegué adonde se podía leer el Corán escrito sobre la roca con letra diminuta. El imán se había instalado en un hueco junto a ese Corán con una linterna en la mano, y te bendecía; había que repetir tres veces en árabe que Alá es grande. Una vez fuera, esperé a que acabaran de entrar todos los peregrinos y después proseguí con ellos hacia otra montaña, pero no ascendí hasta la cima, donde había otra cueva angosta, porque era la de la fertilidad, y yo, siendo padre de tres hijas y un hijo, ya había cumplido con la Naturaleza y no tenía intención de tener un quinto hijo.

Quedé con el grupo 2 horas más tarde en la entrada de una mezquita donde supuestamente estaría enterrado el rey Salomón, o Sulaimain, que dio nombre a la montaña.

Visité en ese tiempo un museo fabuloso en el interior de una gruta gigante de la montaña. Tuve que comprar otro boleto. Ese museo sería extremadamente interesante. La entrada estaba dedicada a las religiones practicadas en Asia Central antes del advenimiento del islam. Vi representado un zigurat, torres del silencio de los zoroastristas, la figura al tamaño natural de un bakshy o chamán kirguís, brujos practicando ceremonias extrañas con partes de animales y preparando pócimas mágicas con sus entrañas en recipientes raros de barro, los antiguos aborígenes pintando en la cueva dibujos primitivos, una piedra original con extractos del Avesta, grandes estatuas de piedra de Buda, etc.

Al cabo de las 2 horas me reuní con el grupo de peregrinos y entramos en un pequeño mausoleo. Yo tenía entendido que el rey Salomón estaba enterrado en el monte Sion, en Jerusalén, pero mi amigo imán insistía en que estaba en ese mausoleo.

Poco después, tras visitar otros sitios de culto de los 17 que se encuentran alrededor de esa montaña sagrada, regresé a mi hotel cuando estaba empezando a oscurecer. Había sido un día muy instructivo.

Entrada al Museo de Sulaiman-Too

MALASIA

69. Cuevas de Batu

La efigie de Murugan ante una cueva de Batu

Encontrándome en la ciudad de Kuala Lumpur me enteré de que justo ese día se iniciaba en unas cuevas llamadas Batu, a unos 15 kilómetros de distancia, el festival hindú de Thaipusam, dedicado al dios de la guerra Karttikeya, que en Malasia es conocido como Murugan, el hijo de Shiva.

Resolví partir hacia allí un día bien temprano. Tomé el Metro y al llegar a la parada Batu Caves descendí y por un momento me pareció que estaba en Mumbay o Kolkata, pues todo el mundo allí era hindú, vestido con saris y turbantes, y en los puestos de comida se ofrecía thali gujarati, samosas, chicken tikka masala, yogurt lassi y otros platos típicos indios.

A la entrada de la cueva había dos enormes estatuas; la principal, que superaba los 40 metros de altura, honraba a Murugan, y la otra estaba dedicada a Hanuman, un dios mono.

Ascendí los casi 300 escalones hasta que entré en lo que se llama La Catedral, dentro de una gran cueva, la principal. Había algunos lugares en los que tenía que pagar una tarifa de entrada, cosa que hice, pues no me quise perder nada. Los monos sueltos allí arriba buscaban comida por todas partes y si te descuidabas te robaban la gorra o las gafas.

Me informaron que Batu Caves es uno de los principales santuarios hindúes fuera de la India, y el festival de Thaipusam congrega alrededor de un millón de hindúes en ellas, tanto de Malasia como de la propia India. Las cuevas de Batu son visitadas cada año por varios millones de peregrinos.

Ese festival es originario del estado indio de Tamil Nadu y en el transcurso del mismo muchos tamiles se atraviesan la cara, lengua, brazos, pecho y espalda con agujas y espadas. De los ganchos colgaban ofrendas, como frutas, flores o frascos con leche. Cuando están listos, caminan desde un templo hindú en Kuala Lumpur hasta las cuevas de Batu, lo que les toma varias horas, hasta 8, pues se entretienen saltando y bailando. Les siguen ayudantes que les dan ánimos para no desfallecer.

Me contaron que, unos días antes de ese festival, los devotos que van a atravesarse el cuerpo con agujas y pinchos ayunan por completo y así entran en trance y no sienten ningún dolor.

Era siniestro verles con los pinchos por todo el cuerpo. Oí que los tamiles que viven en Sri Lanka, Indonesia y en Singapur también celebran ese festival en un día de luna llena de un mes del calendario tamil que suele coincidir con enero o febrero.

La experiencia me resultó escalofriante.

Cuevas de Batu

MONGOLIA

70. Monasterio de Erdene Zuu

He viajado a Mongolia en tres ocasiones y en cada una de ellas he visitado nuevos lugares sagrados, prácticamente todos budistas, a excepción de algunos signos chamanistas que iba encontrando por los caminos montañosos, como los "ovoos" o montículos de piedras con tacos de madera de los que cuelgan cintas de colores y hasta esqueletos de animales. Esos ovoos representan para los chamanistas lugares de culto, y a veces también son usados con el mismo fin por los budistas.

No obstante, es el budismo en su variante tibetana la religión predominante, pues la interrelación entre Mongolia y Tíbet se remonta al siglo XIII, cuando el Imperio mongol invadió Tíbet. Incluso uno de los Dalái Lama, el cuarto, se reencarnó en Mongolia, mientras que el tercero y el noveno de los Jebtsundamba Khutuktu (equivalencia del título de Dalái Lama en Mongolia) nacieron en el Tíbet.

Al independizarse Mongolia de China en el año 1911, se instauró una teocracia en la que ejerció como jefe de estado el octavo Jebtsundamba Khutuktu, llamado Bogd Khan, que había nacido en el Tíbet. Tras su muerte, acaecida en 1924, los comunistas se hicieron con el poder en Mongolia, arrasando más de 700 monasterios budistas y asesinando a muchos miles de monjes. En el año 1924 habría unos 100.000 monjes budistas, mientras que a principios de la década de los 90, cuando Mongolia adoptó un sistema de gobierno democrático, se calculó que habría alrededor de 100 monjes.

Sin embargo, en el siglo XXI el budismo ha vuelto a florecer en Mongolia, como pude comprobar durante mis dos últimos viajes a ese país.

Sin duda, el monasterio de Gandantegchinlen, en Ulan Bator, donde viven unos 150 monjes, es el más espectacular de Mongolia debido a su interior, que alberga una imponente estatua de 27 metros de alto representando a Chenrezig, el bodhisattva de la compasión. Pero entre todos los monasterios que llegué a conocer en ese país el que más me sedujo fue el de Erdene Zuu, uno de los poquísimos que no fue destruido por los comunistas. Fue fundado en el siglo XVI en la desaparecida ciudad de Karakorum, la capital del Imperio mongol durante unos años a mediados del siglo XIII.

Oír la palabra Karakorum me provocaba, al igual que Tombuctú, o Samarcanda, o Babilonia, o Jerusalén... pues su sonido lo asocio a la aventura, a la intriga, a lo mágico, a lo sagrado. Por ello viajé a Harhorín, junto a la antigua Karakorum, donde se preserva el monasterio de Erdene Zuu.

A la llegada a Harhorín me encontré con diferentes personas que ofrecían yurtas, o gers, para dormir. Me fui con una chica llamada Maya que me ajustó un precio razonable incluyendo el desayuno, y le pagué dos noches por adelantado.

Poco más visité ese día, pues pronto se hizo de noche. Por la mañana me dediqué a explorar exclusivamente el monasterio budista Erdene Zuu y a descubrir los pocos restos de la vieja Karakorum, a poca distancia de Harhorín. Los vendedores de suvenires me señalaron una enorme tortuga de piedra frente a sus kioscos, y me aseguraron que era el único resto que quedaba en pie, además de las estupas supervivientes que entornaban los templos del monasterio. En un principio hubo 108 estupas, pues 108 es un número sagrado para budistas, hindúes y jainistas; pero muchas habían desaparecido con el paso del tiempo.

Varios trabajadores estaban construyendo una especie de centro de interpretación para explicar a los visitantes cómo debió de ser Karakorum en el siglo XIII.

Los templos tibetanos eran otro de los atractivos del monasterio y los llegaría a ver todos. Coincidí con ceremonias y me quedé a observarlas hasta que acabaron. Había lamas que sobrepasaban los 60 años de edad y jóvenes que no llegarían a los 15.

La tarde la empleé en conocer el museo. Al ser el único turista de ese día el guía me dedicó todo su tiempo. Era una persona muy culta y conocía la llegada de los misioneros nestorianos a China y Mongolia en el siglo VII. Me explicó que los reyes mongoles fueron cristianos durante muchos años. Incluso un hijo y un nieto de Gengis Khan se convirtieron al cristianismo nestoriano.

A pesar de los pocos vestigios que encontré de la otrora esplendorosa Karakorum, me sentí muy orgulloso de haber podido visitar el monasterio de Erdene Zuu.

Adorno en la puerta del Monasterio de Erdene Zuu

MYANMAR

71. Santuario de Mahamuni en Dhanyawadi

Estatua Buda Mahamuni

Mi primer viaje a Myanmar fue en los años 80 del siglo XX y el país entonces se llamaba Birmania. La duración máxima de visado que se emitía a los extranjeros era de una semana.

Todavía recuerdo cómo todos los turistas que volamos desde Bangkok, al aterrizar en el aeropuerto de la entonces llamada Rangún (hoy Yangon) rápidamente organizábamos las visitas de esos 7 días de manera metódica, viajando como el Correcaminos para no perdernos nada de interés, como fue la majestuosa pagoda de Shwedagon, en Rangún; el lago Inle, con una excursión en barca a un monasterio sobre una isla; los centenares de templos de Pagán (hoy llamada Bagán), más los numerosos lugares sagrados de Mandalay. Todo ello navegando por el río

Irawadi y abordando un tren nocturno. Fue agotador pero intenso, y el octavo día todos los viajeros regresamos a Tailandia regocijados por ese viaje corto, pero memorable.

Regresé a ese país en el siglo XXI, cuando ya se llamaba Myanmar, y me concedieron 30 días de visado. Pude así relajarme y conocer sin prisas la pagoda Kyaitiyo con su roca dorada sostenida por un pelo de Buda, el espectacular monasterio sobre el monte Popa, y hasta cumplí la tradición en el monasterio Kha Khat Wain, en Bago, ayudando en la cocina, donde preparé las mazorcas de maíz y las frutas que compré, que luego volqué sobre el cuenco de un monje para que se alimentara durante su única comida diaria.

Pero el lugar de Myanmar que encontré más sagrado, además de ignoto, fue el santuario de Mahamuni en Dhanyawadi, la primera capital del reino de Arakán, que fue independiente durante milenios hasta el siglo XVIII, cuando fue invadido e integrado en la entonces Birmania. Hoy ese desaparecido reino forma parte del estado de Rakhine.

No era fácil acceder a ese estado debido a los conflictos con la etnia musulmana de los rohinyá. Para viajar a la capital, Sittwe, tuve que volar, pues el viaje por tierra estaba prohibido para los extranjeros. Una vez en esa ciudad abordé una barca por el río Kaladan que unas 7 horas más tarde me dejó en Mrauk U, legendaria ciudad llena de pagodas, considerada la segunda Bagan. Pero para alcanzar el santuario de Mahamuni tuve que emplear un día más en viajar en jeep hasta la población de Dhanyawadi.

Según la tradición, Buda viajó a Dhanyawadi con 500 seguidores. Allí se encontró con el rey de Arakán. Tras una semana impartiendo su Dharma, o ley religiosa, Buda decidió regresar a la India. Entonces el rey le rogó que permitiera hacer una estatua con su rostro para recordarlo tras su partida.

Buda accedió. Se trajo bronce, oro y plata. Buda aportó siete gotas de sudor de su pecho. Y el resultado fue una estatua llamada Mahamuni, o Maha Muni, que en sánscrito viene a significar "El Gran Sabio".

Es gracias a esa estatua que hoy se puede apreciar la supuesta cara de Buda. Cuando los birmanos conquistaron el reino de Arakán en el siglo XVIII se llevaron esa estatua a los alrededores de Mandalay, por ello la que hoy se halla en Dhanyawadi es probablemente una copia, a pesar de que los monjes de este santuario afirman que es la auténtica y que la que se llevaron los birmanos no fue la original. Hoy, esa estatua de Buda es la más sagrada de Myanmar, aunque acuden a venerarla más peregrinos a Mandalay que a Dhanyawadi.

Vi esa estatua de Buda en Dhanyawadi y la acaricié. El santuario estaba lleno de peregrinos que constantemente entraban a venerar la imagen.

Fuera la verdadera estatua de Buda la de Mandalay o la de Dhanyawadi me era igual, ya que las dos las había visitado; una en el siglo XX y la otra en el XXI.

En ese santuario vi además una larga hilera de estatuas a tamaño natural simbolizando los 500 monjes que acompañaron a Buda, y también una estatua pequeña de Ananda, el fiel discípulo de Buda, además de ser su primo hermano.

Me entretuve unas 4 horas en Dhanyawadi y los alrededores, ya que había otros templos budistas interesantes.

A media tarde regresé en jeep a Mrauk U. Había sido una visita sumamente instructiva y sagrada, la que más me satisfizo de mis dos viajes a Myanmar.

Buda y sus 500 seguidores en Dhanyawadi

NEPAL

72. Lumbini

Templo Maya Devi y el pilar del emperador Ashoka

Los días que tuve que esperar en Katmandú para recibir un visado para entrar en la India los invertí en visitar Lumbini, el lugar de nacimiento de Buda.

Abordé un autobús nocturno y por la mañana llegué a esa población, donde me alojé en el albergue que ofrecía el monasterio de Sri Lanka a los peregrinos.

Tanto en Lumbini como en los demás 7 lugares sagrados budistas se han establecido delegaciones con monasterios y salas de acogida a los peregrinos de todos los países budistas de Asia, como Sri Lanka, Japón, Tailandia, Laos, Mongolia, India, Myanmar, Bután, Tíbet, etc., incluso Rusia.

En el monasterio de Sri Lanka teníamos charlas antes de cenar. Un día, un maestro nos explicaba sobre la historia de Maya (o Maha

Maya), que fue la madre de Buda; otro día disertaba sobre el Dharma o doctrina del budismo; otro, detallaba los ocho lugares sagrados relacionados con Buda, etc.

Yo ignoraba que, aparte de los cuatro sitios clásicos de Buda que ya conocía (el nacimiento en Lumbini; la iluminación en Bodh Gaya; el primer sermón en Sarnath; la muerte física en Kushinagar), existían otros cuatro en India donde no había estado, por ello me hice el propósito de visitarlos una vez que consiguiera el visado indio, sin dejarme ni uno.

Esos otros cuatro sitios sagrados budistas eran: Shravasti, en el estado de Uttar Pradesh, donde Buda vivió más años de su vida; Sankasia, también en Uttar Pradesh, desde donde Buda descendió al reino de los muertos para encontrarse con el espíritu de su madre fallecida; Vaishali, en el estado de Bihar, fue el primer sitio adonde viajó Buda tras abandonar a su esposa y a la vez prima Yasodhara y el hijo de ambos, Rahula, para convertirse en monje errante –y también es donde ordenó a las primeras monjas y ofreció su último sermón–; y Rajgir, también en Bihar, mi favorito de los cuatro, donde Buda enseñó la perfección de la sabiduría en el Pico del Buitre, un sitio que encontré extraordinariamente mágico, donde todo mi ser vibró de emoción.

Una de las atracciones culturales de Lumbini es ir visitando todos estos monasterios internacionales. Yo lo hice en bicicleta y entré en todos ellos para saber un poco más acerca de las enseñanzas de Buda desde los puntos de vista de cada país.

El edificio más sagrado en Lumbini era un templo llamado Maya Devi (Diosa Maya) donde Maya dio a luz a su hijo Siddhartha Gautama. Entré y caminé por una pasarela hasta ver una piedra protegida por una vitrina, donde se supone que fue el lugar exacto del nacimiento. A la salida había una higuera donde Maya sintió los primeros dolores del parto. También fue a la sombra de una higuera que Buda alcanzó la iluminación en Bodh Gaya. Muchos monjes y peregrinos estaban sentados alrededor de esa higuera, árbol que consideran sagrado.

Junto a este antiguo templo el emperador Ashoka había erigido un pilar para conmemorar tan trascendental hecho en la historia de la humanidad, comparable al nacimiento de Jesús en Belén.

El emperador Ashoka vivió en India en el siglo III antes de Jesucristo. Se convirtió al budismo y ordenó erigir varios miles de esos pilares para conmemorar sitios notables, como los relacionados con el budismo, pero en la actualidad solo han sobrevivido 20, de los cuales solo 6 tienen capiteles con figuras de animales. Cuando los musulmanes conquistaron la India destruyeron esas figuras de animales sobre los pilares. El pilar de Lumbini exhibía la figura de un caballo, hoy desaparecido.

El pilar de Lumbini no era de los más atractivos, pero el que vería días más tarde, en Vaishali (Bihar), fue asombroso. El Gobierno indio exhibe un capitel de un pilar Ashoka con la figura de cuatro leones como uno de los emblemas del país.

Me sentí muy satisfecho por haber visto el primer pilar de Ashoka en mi vida. Sabía sobre ellos y el emperador Ashoka por un libro que leí en mi adolescencia, titulado: "A Short History of the World", de H. G. Wells. En él, el autor recapitula la vida de Ashoka del siguiente modo:

"Entre las decenas de millares de nombres de monarcas que se apretujan en las columnas de la Historia, el nombre de Ashoka brilla casi solo, como una estrella".

Cuando calculé que mi visado indio estaría emitido, regresé a Katmandú a recoger mi pasaporte.

PAKISTÁN

73. Etnia Kalasha

Mujeres jóvenes kalasha en el valle de Bumburet

Encontrándome en la bellísima y exótica ciudad de Chitral, ubicada no muy lejos del majestuoso pico Tirich Mir, de unos 7700 metros de altura, en la cordillera del Hindu Kush, me hablaron de una tribu llamada kalash, o kalasha, que no practicaba el islam, como en el resto de Pakistán, sino que al ser paganos observaban sus propios ritos y creencias animistas. Suman unos 6000 y se consideran descendientes de las tropas del griego Alejandro Magno cuando en el siglo IV antes de Jesucristo llegaron al valle del río Indo. Al saber sobre ellos, de inmediato planeé viajar a los tres valles donde vivían: Rumbur, Bumburet y Birir.

En la antigua provincia afgana de Kafiristán (hoy Nuristán), al otro lado del Hindu Kush, también viven tribus kalasha, pero fueron forzados a adoptar el islam por los afganos. A los kalasha de ambos países se les suele denominar Kafir Kalash. Kafir es una palabra árabe que significa infiel.

203

Salí una buena mañana del caravasar donde dormía en Chitral y abordé un jeep que me condujo al centro de los valles de Bumburet y Rumbur, pues se hallaban unidos. Antes de llegar al valle de Bumburet, el más grande de los tres, hubo un control militar, ya que está cercano a la frontera afgana y a veces los fanáticos musulmanes han tratado de atacar a los kalashas. Me solicitaron un permiso, algo que yo ignoraba y por ello había salido de Chitral sin solicitarlo a las autoridades. Menos mal que los militares accedieron a que les pagara allí mismo una "multa". Les tendí unas pocas rupias y me dejaron proseguir.

En Bumburet no tardé en encontrar un alojamiento en un hostal de los kalasha, donde contrataría dos noches de estancia.

Observé que todos los kalasha iban vestidos con ropajes de colores fantásticos, en especial las mujeres. Muchos de ellos tenían ojos azules o verdes, y cabellos claros.

Esas gentes son de lo más noble que podía imaginarme. Hablan su propio idioma con mezclas de farsi, sánscrito y hasta términos griegos. Las mujeres se hacían trenzas con el flequillo y se colocaban muchos collares en el cuello.

Un hombre que dominaba moderadamente bien el idioma inglés me explicó que en sus creencias animistas mezclan el chamanismo con la adoración de ídolos de madera que representan deidades. Sus mujeres tienen los mismos derechos que el hombre, a diferencia de las mujeres del resto de Pakistán. Y lamentaba que algunos kalashas habían adoptado el islam, aunque aún seguían siendo culturalmente kalashas. Al abandonar el animismo y devenir musulmanes no pueden vivir en los mismos poblados, por ello esos kalashas convertidos al islam se establecieron en aldeas vecinas.

Durante sus ritos un chamán ingiere un líquido especial para entrar en trance al ritmo de la música, así como para comunicarse con sus dioses. En esos ritos sacrifican cabras, caballos y otros animales.

Hay historiadores que ven paralelismos entre la mitología griega y la de los kalashas. Sin embargo, otros afirman que las creencias kalashas, que son indoeuropeos, están más cercanas a las del hinduismo.

Guardo un recuerdo muy tierno de los kalashas. Y aunque en Pakistán visité numerosos lugares sagrados, como fueron los mausoleos de santos sufíes en la ciudad de Multan, o mezquitas que atraían miles de peregrinos, y hasta poblados donde vivían los ismailitas –o seguidores de una secta chiita que sigue al Aga Khan–, nada me impactó tanto en ese país como mi estadía de unos días con el amable pueblo kalasha.

SRI LANKA

74. Pico de Adán

Estatua de Buda en la cima del Pico de Adán

Recorrí durante 2 semanas los lugares más remarcables de Sri Lanka, prestando especial atención a los monumentos budistas, como los que visité en la ciudad santa de Anuradhapura, en la ciudad sagrada de Kandy, además de los asentamientos monásticos budistas en la espectacular roca de Sigiriya.

Sin embargo, lo que más vívidamente recuerdo de mi viaje a ese país fue la subida que realicé al Pico de Adán, que supera los 2200 metros de altura, tras leer en un folleto turístico que es un lugar sagrado para las cuatro religiones principales de Sri Lanka: budismo, hinduismo, islam y cristianismo. Además, supe que ese pico fue visitado por los grandes viajeros del pasado, como el marroquí Ibn Battuta y el veneciano Marco Polo. Y, según los cuentos de Las mil y una noches, hasta Sindbad el Marino lo llegaría a conocer durante su sexto viaje.

Seríamos unos 20.000 peregrinos los que una noche lluviosa, peldaño a peldaño, iniciamos el largo ascenso hasta la cima. Cada 50 metros había puestos de refrescos, gorros y chubasqueros. Un té en el pueblo a las faldas de la montaña costaba 1 rupia; a 200 metros más arriba, 2 rupias; a 500 metros, 5 rupias, y en la cima, 10 rupias.

Debido a la gran afluencia de fieles, tardé 8 horas en llegar al pico subiendo miles de escalones, mojado y cansado, cuando lo normal son de 3 a 5 horas, y fue debido a que me eché una cabezada de un par de horas en un kiosco para reponer fuerzas. Pero me dio tiempo a llegar antes del amanecer para contemplar la salida del sol.

En la cima había una estatua de Buda acostado, más un templo con huellas de pisadas que los budistas atribuyen a Buda; los hindúes afirman que pertenecen a Shiva en una de sus correrías amorosas persiguiendo a unas bellas doncellas; los musulmanes aseguran que esas huellas son de Adán, encontrándose allí el Paraíso Terrenal, mientras que los cristianos opinan que el apóstol san Tomás hizo una visita a ese santuario en una escala durante su viaje a la India.

Creo que los musulmanes están más cerca de la verdad sobre el origen de esas pisadas; si hubo un Paraíso Terrenal debió encontrarse en esos alrededores de increíble hermosura.

La cima del Pico de Adán

TAILANDIA

75. Wat Pah Nanachat

En un viaje a Tailandia me encontré en Bangkok con unos jóvenes franceses que venían de pasar unos días meditando en un monasterio budista localizado cerca de la ciudad de Chiang Mai, al norte del país. Habían sido inspirados a ello tras haber visto una película estadounidense de la serie Rambo, donde el protagonista, un soldado veterano de la guerra de Vietnam, convive un tiempo con monjes tailandeses en un monasterio dentro de un bosque.

Aprendí entonces que en Tailandia existía desde hacía unos dos siglos la llamada "kammatthana", o "tradición tailandesa del bosque", donde los llamados "monjes del bosque" habían creado en ese país las condiciones naturales de vida de Buda en los bosques de la India.

Me interesé mucho por ingresar como aprendiz de monje en uno de esos monasterios, pero como ya había visitado la ciudad de Chiang Mai, me informé y averigüé que había otro monasterio del bosque en una parte de Tailandia que no conocía, junto a la ciudad de Ubon Ratchathani, en el este.

Una de esas noches abordé en Bangkok un tren nocturno y llegué de madrugada a Ubon Ratchathani. Allí me entretuve varias horas, durante las cuales entré en el céntrico templo Wat Maha Wanaram, que ofrecía clases de vipassana. Pregunté a un monje sobre esas clases y me explicó que vipassana es una milenaria técnica budista de meditación que te ayuda a conocer la esencia de la realidad.

Tras esa visita me dirigí al monasterio del bosque, que se llamaba Wat Pah Nanachat, lo que se traduce por "Monasterio del Bosque Internacional", adonde llegué al cabo de unas 2 horas caminando.

Al llegar no vi a nadie en la entrada. Penetré por la maleza entre grandes árboles; la atmósfera hizo que me sintiera en la jungla.

Pronto di con un monje del bosque y pedí ver al maestro para solicitar ser admitido. Él me preguntó la nacionalidad y al decírsela fue a buscar un monje que hablara el español. A mí no me importaba utilizar el inglés, pero ellos preferían que las explicaciones fueran en la lengua materna del aspirante a devoto.

Mientras tanto me paseé por el monasterio, donde se prohibía tomar fotografías. Noté que aproximadamente la mitad de la cincuentena de monjes que allí había eran extranjeros de origen occidental; todos iban con la cabeza rapada, vestían túnicas y caminaban descalzos. No hablaban entre sí; todos iban de un sitio para otro en completo silencio.

Luego supe que ese monasterio había sido fundado en el año 1975 por un venerado maestro tailandés que había alcanzado la iluminación. Como había nacido en la provincia de Ubon Ratchathani, escogió ese lugar para su construcción. Pero no fue él el dirigente del nuevo monasterio, sino un monje estadounidense nacido en Seattle en el año 1934 y que ya había alcanzado el grado máximo budista. Tras él, en el año 2012 le sucedió un alemán nacido en 1968.

No llegaría a hablar con el maestro alemán; tan solo lo vería a cierta distancia.

Al rato de estar descubriendo el monasterio y leyendo los letreros inspiradores escritos en tailandés con traducción al inglés entre el follaje, vino hacia mí un monje que era estadounidense y hablaba aceptablemente bien el español. Me explicó que los novicios, tras unos días en el monasterio, se han de afeitar la cabeza más las cejas y pestañas. Si yo deseaba con fuerza ser admitido debería marcharme, escribir una carta desde Ubon Ratchathani u otra ciudad, enviarla por correo al monasterio indicando una dirección de remite y esperar varias semanas la contestación por escrito. No siempre las respuestas eran positivas, pues dependía del espacio del que dispusieran. En ese monasterio no se utilizaba el teléfono o el internet.

Comprendí que era rechazado, aunque se me permitía explorar el monasterio hasta que lo cerraran al oscurecer.

Hacia las 4 y media de la tarde todos se reunieron en una sala para tomar un té y, aunque los monjes del bosque me vieron, no fui invitado por ninguno de ellos a unirme, por lo que me paseé un rato más y al final salí del monasterio y regresé a pie a Ubon Ratchathani.

TURQUÍA

76. Museo Mevlana

Exterior del museo Mevlana

Viajé a la ciudad de Konya en unos días especiales de mediados del mes de diciembre, cuando se conmemoraba la muerte de un místico sufí llamado Yalal ad-Din Muhammad Rumi, evento que duraría una semana y en el transcurso del cual se interpretarían danzas derviches con música de ney.

Rumi nació el siglo XIII en la ciudad de Balj, Afganistán, pero unos 20 años más tarde su padre, que era un predicador, se mudó a Konya con toda su familia. En ella Rumi desarrolló su talento para la poesía mística, que siempre escribía en farsi, aunque a veces también lo hizo en turco, árabe y griego. En Konya escribió su famoso libro de poemas "Matnavi", y conoció a un derviche vagabundo de la ciudad de Tabriz, llamado Shams, que le indujo a seguir profundizando en sus actividades sufíes. Posteriormente, Rumi fundaría una "tariqa" u orden sufí en un tekke, donde los llamados derviches giradores, o Mevleví, realizarían las ceremonias de "sema", o "sama", incluyendo el zikr.

Mi deseo de visitar Konya se remontaba a mi adolescencia, cuando leí un fragmento de un poema de Rumi, que más o menos recuerdo así:

"Lo busqué en la cruz de los cristianos, pero Él no estaba en ella. Tampoco lo encontré en la Kaaba, esa piedra negra que atrae a tantos peregrinos. Marché entonces a las tierras de los adoradores del fuego, pero tampoco allí lo encontré. Finalmente galopé a gran velocidad hasta las cumbres más altas donde sus gentes veneran ídolos, pero no vi ni rastro de Él. Resignado, miré entonces en mi propio corazón ¡y allí lo vi a Él!".

Al llegar a Konya alquilé una habitación en un hotel durante 7 noches, pues no me quise perder ninguna ceremonia de las danzas de los derviches giradores.

El primer día por la mañana visité el museo Mevlana, que albergaba el sarcófago de Rumi junto al de su padre y su hijo (la palabra "mevlana" significa "mi maestro", que es una forma de referirse a Rumi). Allí vi también cuartos con estatuas representando la vida cotidiana de los derviches en el tekke leyendo libros sagrados como el Matnavi, o la sala de rituales donde los derviches practicaban el sema y tocaban la flauta ney.

Como a Konya asistimos miles de peregrinos y todos no cabíamos en el antiguo tekke dentro del museo Mevlana, las autoridades decidieron celebrar el evento en un polideportivo. Comenzaba a las 20.00 horas y finalizaba a las 22.30, aunque algunas noches acabaron más tarde.

Cuando llegó la noche compré mi boleto de entrada y me senté en la cancha de baloncesto. Aparecieron el alcalde de Konya y varios estudiosos del islam que durante media hora me aburrieron, pues hablaron en turco, lengua que no conozco. Luego surgieron 15 músicos con sus panderetas gigantes, flautas ney, arpas, violines asiáticos, laúdes y dos tambores unidos. Interpretaron una melodía monótona, provocando que mucha gente echara una cabezada sobre los asientos. Y finalmente aparecieron unas 80 personas, de las cuales 26 eran derviches giradores, 15 eran los mismos músicos de antes y el resto formarían el coro.

Algunos derviches no tendrían más de 18 años y otros sobrepasarían los 50. Los derviches se sentaron sobre pieles. Iban cubiertos por una túnica negra y todos llevaban un gorro alto de color de piel de camello con forma de dedal gigante, llamado sikké. Vestían un chaleco y camisa de color blanco, una falda de vuelo, un pantalón blanco y unos botines negros.

El derviche principal, de unos 70 años de edad, llamado el "sheij", o jeque, permanecería durante toda la danza de pie, inamovible, sobre una piel de color rojo. Él era el único que portaba un gorro con un turbante negro incorporado. Cerca de él se sentaba el semazen, que dirigía a los 24 derviches restantes.

A una señal del sheij comenzó el sema con unas invocaciones a Alá y la recitación de versículos del Corán. A continuación besaron el suelo y se quitaron la túnica, a excepción del sheij y el semazen. Luego le besaron la mano al sheij y comenzaron a girar sobre sí mismos al ritmo de la música en el sentido contrario a las manecillas del reloj. La palma de la mano derecha estaba dirigida al cielo y la de la izquierda a la tierra, significando que lo recibido de Dios al hombre entregan, y lo que está arriba es como lo que está abajo.

Los 24 derviches formaron un círculo simbolizando el sistema planetario y en el centro se colocaron siete de ellos; uno representaba al sol y los otros, a la luna, Mercurio, Venus, Marte, Júpiter y Saturno, los astros celestes distinguibles desde la Tierra a simple vista y conocidos desde la antigüedad.

Giraban y giraban hasta alcanzar un estado de trance, dejándose llevar por la música y los coros. El semazen los vigilaba y marcaba la velocidad de la traslación. El sheij, imperturbable, parecía estar sumido en un estado de iluminación.

Esa ceremonia sema era una loa y acto de agradecimiento a Dios por haber creado el mundo, donde los astros y los átomos danzaban, y las almas bailaban poseídas por el éxtasis.

Hubo tres altos y luego se repetían las mismas danzas. En total, la ceremonia duró alrededor de una hora.

Tras presenciar siete ceremonias durante siete días seguidos, proseguí mi viaje por Turquía a la búsqueda de nuevos lugares sagrados.

77. Nemrut Dagi

No fue fácil arribar a Nemrut Dagi (Monte Nemrut) en autobuses y un ferri, pues me tomó un día entero llegar allí desde la ciudad de Tarso, donde se encuentra el pozo de san Pablo, que ya había visitado. En la oscuridad hallé un hostal lleno de turistas europeos y dos chicas japonesas, cené y acordé con el dueño un transporte para contemplar el amanecer en Nemrut Dagi, a 2150 metros de altitud, y luego visitar el santuario de rey Antíoco I.

Justo a las 4 de la madrugada nos llevaron a las dos chicas japonesas y a mí en un jeep a la base de la montaña, donde pagamos la entrada al recinto. Una vez con el billete en la mano ascendimos a pie por un sendero de tablas de madera hasta el santuario. Allí habría varias docenas de viajeros que habían pasado la noche dentro de sus sacos de dormir. Ignoraba que era posible pernoctar en ese sitio, y de haberlo sabido me habría animado a unirme a ellos, pues el sitio lo encontré enigmático, mágico, inspirador. Hacía fresco y muchos viajeros se cubrían con mantas.

La salida del sol fue inolvidable. Agradecí mucho al dueño del hostal por haberme animado a madrugar para disfrutar de esos momentos.

Tras ello rodeé el túmulo donde se supone que se halla la tumba de Antíoco I, y por la parte posterior vi estatuas gigantescas de cabezas humanas y de águilas, de leones y dioses de las antiguas religiones de Armenia, Grecia y Persia (Ahura Mazda, Apolo, Hércules, etc.). Había letreros explicativos que te indicaban que Nemrut Dagi era un santuario erigido como mausoleo en el primer siglo antes de Cristo para albergar el cuerpo de Antíoco I, rey de Comagene, país que estaba rodeado por el Imperio romano, Siria, el reino de Armenia y el Imperio parto de la antigua Irán.

Las estatuas estaban dañadas y a algunas de ellas les faltaba la nariz, probablemente destruidas por los iconoclastas musulmanes. Había un friso donde aparecían los antepasados armenios de Antíoco I, pero su tumba no ha sido aún localizada.

Tras mi visita a Nemrut Dagi proseguí mi viaje por Turquía a la búsqueda de nuevos lugares sagrados.

Poso en Nemrut Dagi

214

78. Monasterio de Mor Hananyo

Me encantó la ciudad de Mardin, al sureste de Turquía. Estaba situada en las faldas de una montaña rocosa; tenía el aspecto de una ciudad bíblica, tipo Matera en Basilicata (Italia). Los edificios y disposición de las casas recordaban los estilos árabe y armenio, raza esta última que fue aniquilada en esa ciudad durante el Genocidio Armenio de 1915 por parte de los turcos (ayudados por los kurdos para quedarse con las casas armenias en Mardin). Había gente que iba en burro por la calles estrechas, en los minaretes se llamaba a rezar a Alá cinco veces al día y las mujeres llevaban la cabeza cubierta.

Pero antes de instalarme en un hotelito dentro de una cueva en un antiguo castillo, hice amistad con varios pasajeros del autobús (llegábamos de Diyarbakir), una pareja de españoles, más dos jóvenes kurdos que vivían en Londres, y los convencí para viajar juntos en un minibús al monasterio sirio Mor Hananyo (también conocido por Deyrul Zafaran por el color azafrán de sus muros), a apenas 3 kilómetros de distancia. Pagamos una pequeña entrada y penetramos en el monasterio amurallado. Nos fue asignado un monje sirio que era políglota. Por deferencia, los dos viajeros kurdos accedieron a que el tour no fuera dirigido en kurdo, lengua que hablaba también el monje, sino en inglés, para así entenderlo todos sin necesidad de traducir. El monje sirio nos mostró tumbas de santos y de una cincuentena de patriarcas de la Iglesia siria ortodoxa, carros, tronos, frescos e iconos, además del símbolo de un laberinto en el suelo y un templo subterráneo.

Ese monasterio estaba dedicado a san Ananías y constituyó la sede del Patriarcado de la Iglesia ortodoxa siria desde finales del siglo XIII hasta bien entrado el siglo XX.

El mejor momento fue cuando dentro de la iglesia requerí al monje que nos recitara el Padrenuestro en arameo, la lengua materna de Jesucristo y que esos monjes del monasterio hablaban. Fue entrañable y me emocioné, aunque mis cuatro compañeros mostraron absoluta indiferencia y si se quedaron conmigo a la oración fue más bien por compañerismo que por deseo de escuchar el Padrenuestro. Tras ello nos fue relatada la dramática historia de Tur Abdin, el territorio donde se halla ese monasterio de Mor Hananyo.

Los turcos y sus aliados, los kurdos, durante y tras la Primera Guerra Mundial, cometieron un genocidio sobre los asirios caldeos (sobre 300.000 fueron exterminados), y sus tierras fueron robadas. Además, los asirios tuvieron la desgracia de que los franceses e ingleses concedieran Tur Abdin a la Turquía actual al concluir la Primera Guerra Mundial, tras el colapso del Imperio otomano. Y por si esto fuera poco, el líder Saddam Hussein cometería contra las etnias no árabes del norte de Irak un pogromo en las etapas finales de la guerra entre Irak e Irán (1980-1988), donde murieron muchos miles de asirios, yazidíes y judíos (además de kurdos).

De las aproximadamente 2500 iglesias y monasterios asirios que existían en Tur Abdin en los primeros tiempos del cristianismo, hoy quedan apenas dos docenas, siendo Mor Hananyo uno de ellos.

La Iglesia siria ortodoxa se apartó de la católica y ortodoxa a partir de los postulados que se adoptaron en el concilio de Calcedonia.

Esos concilios de los primeros tiempos originaron cismas entre iglesias. En el primero, celebrado en Nicea el año 325, el arrianismo, que negaba la divinidad de Jesucristo, fue condenado. En el segundo, en Constantinopla, se definió la divinidad del Espíritu Santo. En el tercero, en Éfeso, a principios del siglo V, se condenó al monje sirio y Patriarca de Constantinopla Nestorio y su doctrina, el nestorianismo, que proclamaba que Cristo existió como dos personas distintas: la humana y la divina. A Nestorio se le despojaría de su patriarcado y acabaría sus días en un oasis al sur de Egipto. Sus seguidores predicaron por todo el este de Asia, y hoy existen iglesias nestorianas en Irak, Irán, India, China y en Estados Unidos de América.

Fue en el cuarto concilio, el de Calcedonia de mediados del siglo V, en el que se condenaría la teoría monofisita de la naturaleza de Jesús. Los representantes de las hoy Iglesias católica y ortodoxa sostuvieron que en Jesucristo coexistían dos naturalezas, la humana y la divina. Y los monofisitas insistieron en que la naturaleza humana se perdía para ser absorbida por la divina.

No hubo entendimiento y la Iglesia siria ortodoxa, que era monofisita, se separó. Y junto a ella también lo hicieron la copta de Egipto y las de Etiopía, Eritrea y Armenia.

Hay historiadores que afirman que esas disputas de los primeros concilios, donde se prestaba más importancia a detalles secundarios que a la esencia del mensaje de Jesús, provocó el advenimiento del islam. Mahoma consideró a Jesucristo el penúltimo profeta y las imágenes fueron prohibidas.

Al acabar la visita, los cinco viajeros regresamos a Mardin. Esa noche tardé en conciliar el sueño, arrebatado por todo cuanto había aprendido y sentido en el monasterio de Mor Hananyo.

79. Ani Harabeleri

Ruinas de Ani Harabeleri

Una vez que llegué en autobús a Kars, en el extremo nororiental de Turquía, hube de esperar varios días en un hotel para recibir tres permisos para poder visitar Ani Harabeleri (o Ani). El primero, de parte de la Oficina de Turismo; el segundo, de la Policía de Seguridad y el tercero de la Comandancia Militar. Declaré ser arqueólogo. Era el año 1988, cuando aún existía la URSS.

Mientras tanto me entretenía conociendo Kars, una ciudad dos veces milenaria que posee un histórico castillo, una ciudadela, antiguas iglesias armenias y numerosas mezquitas.

Antes de desplazarme a Ani hube de firmar un documento donde me comprometía a no hacer fotos, no hacer señales ni saltar entre las ruinas, no comer y, sobre todo, no mirar hacia Armenia, pues los soldados rusos podrían dispararme.

Y, por si eso fuera poco, me confiscaron el pasaporte hasta mi regreso a Kars.

Ani Harabeleri fue en el pasado la capital de Armenia y en sus tiempos esplendorosos superó los 100.000 habitantes. Llegó a albergar mil y una iglesias, compitiendo en esplendor con Constantinopla o Bagdad. Fue saqueada en el siglo XIII por los mongoles, quienes masacraron a una gran parte de su población, y un siglo más tarde un terremoto la destruyó casi por completo. Posteriormente sería abandonada.

Durante mi visita solo vi ruinas y más ruinas. Tal vez las mejor conservadas eran las correspondientes a la catedral, que fue erigida el siglo X y constituyó un centro de peregrinajes, la iglesia de San Gregorio y el monasterio de las Vírgenes. Noté restos de murallas, de muchas iglesias con frescos en su interior, de fortalezas, de antiguos caravanserais... Esas ruinas y su entorno me fascinaron; me parecía que el lugar todavía exhalaba energía de la intensa actividad que allí se desarrolló durante siglos.

A pocos metros se hallaba el río Arpachay, que los armenios conocen como Ajurian. Al otro lado del río se localizaba Armenia y, aunque yo no lo vi, enfrente debía haber un fuerte ruso y seguramente algún soldado desde una torre debería estar vigilando mis pasos mediante unos prismáticos. Fui el único visitante ese día.

UZBEKISTÁN

80. Complejo Memorial Naqshbandi

Desde la ciudad de Bujará he tenido la oportunidad de visitar dos veces Qasr-i-Arifan a principios de los años 90 del siglo XX, cuando acababa de desintegrarse la Unión Soviética. Trabajaba como guía conduciendo a un grupo de turistas españoles, y solo pudimos visitar el Complejo Memorial Naqshbandi en esa localidad un par de horas en cada ocasión, tiempo más que suficiente para los turistas, pero no para mí, pues hubiera deseado vivir allí unos días relacionándome con los derviches para aprender de ellos y participar en sus actividades.

Posteriormente viajé de manera individual a Bujará cuando entré desde el vecino país de Turkmenistán; pero, al tener en la frontera un problema con mi visado uzbeko, tuve que proseguir mi viaje temprano al día siguiente, debido a lo cual no tuve tiempo de acercarme siquiera a Qasr-i-Arifan, nombre que significa: "Palacio del verdadero sabio", en honor a Naqshbandi.

Baha' al-Din Naqshband nació a principios del siglo XIV y por parte de madre descendía del onceavo imán chiita. Por sus aptitudes místicas y sus modos recatados fue educado por un maestro sufí y llegó a ser mentor espiritual de Tamerlán.

Naqshbandi apenas viajó, salvo las veces que realizó el hach a La Meca, por eso murió en el mismo sitio en que había nacido, donde con el tiempo se edificaron dos mezquitas junto a su mausoleo de mármol y los de sus familiares, un minarete, un patio con un estanque y un árbol morera, más una madrasa para estudiantes de sufismo. Por los alrededores hay jardines.

Bujará es una ciudad tan rica en monumentos deslumbrantes que pocos turistas se desplazan a Qasr-i-Arifan para visitar el Complejo Memorial Naqshbandi, ya que exteriormente no llama apenas la atención. Y, sin embargo, se considera "La Meca de Asia", por lo que realizar a pie el peregrinaje desde Bujará a Qasr-i-Arifan tres veces (unos 15 kilómetros cada vez) equivale a haber cumplido con el precepto del hach.

Ese complejo es legendario y durante varios siglos constituyó un lugar de enseñanza y encuentro de sufíes, además de caravanserai para los derviches, hasta que las autoridades de la Unión Soviética prohibieron el peregrinar a él, y lo convirtieron en un museo dedicado al ateísmo.

Hoy la escuela Naqshbandi es la más importante entre las sufíes, y la que tiene más seguidores en todo el mundo. Naqshbandi incorporó en sus enseñanzas conceptos zoroastristas y budistas. Siguen la regla de: "tu corazón con Dios y tus manos en el trabajo", lo cual recuerda al "ora y labora" de san Benito de Nursia. Otras de sus reglas son la de practicar un zikr silencioso, la de mantener la quietud entre la multitud y la de estar siempre consciente durante la respiración.

De hecho, las enseñanzas de la orden Naqshbandi están fusionadas con la doctrina de los "Khwajagan" (Maestros de Sabiduría), o un grupo de sufíes que existieron en Asia Central desde el siglo X hasta el XVI.

Aunque realicé solo dos visitas breves a ese lugar sagrado, la piedad de los peregrinos que encontré y la serenidad que rezumaba me conmovieron más que las atracciones turísticas de Bujará.

ÁFRICA

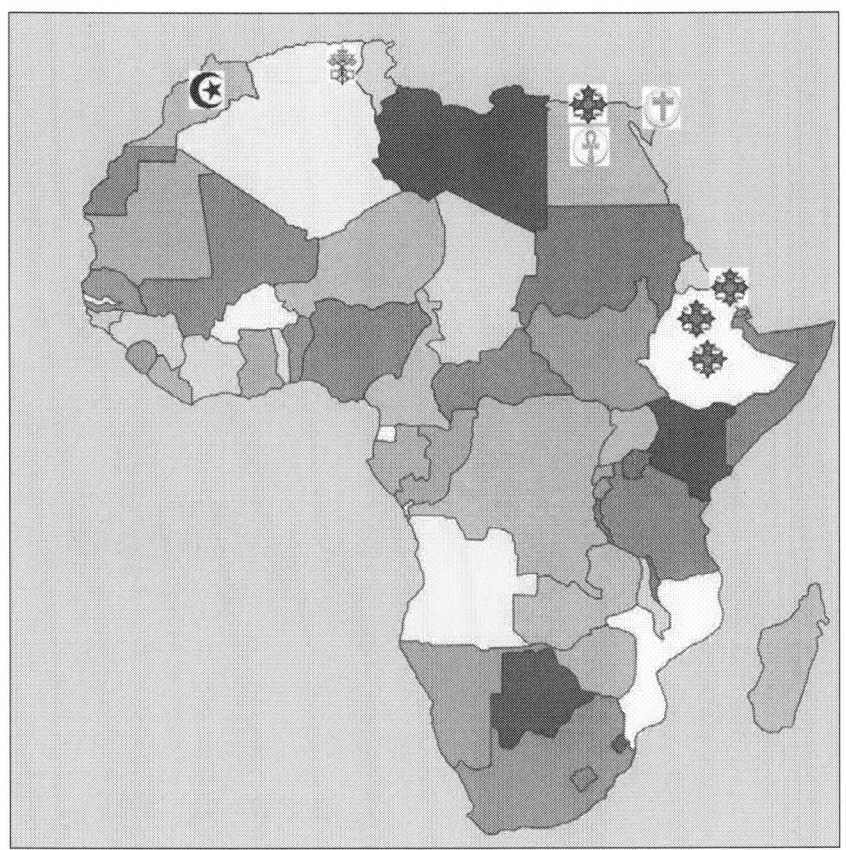

Alrededor del 45% de los ciudadanos africanos son cristianos en sus variedades católica, copta, protestante, etc. El 40% son musulmanes y un 10% practica religiones paganas. El resto sigue religiones muy minoritarias.

En Egipto se desarrolló una religión politeísta muy avanzada donde el faraón era considerado un dios. Su cosmología incluía conceptos como verdad, justicia, orden del universo, moralidad, etc. Se creía en la vida después de la muerte y había un juicio del difunto, donde las buenas acciones en la vida eran recompensadas y las malas eran castigadas.

ARGELIA

81. Basílica de San Agustín

Interior de la basílica de San Agustín

Desde la ciudad de Argel viajé en tren a Constantina y dos días más tarde a Annaba, la antigua Hipona, cerca de la frontera con Túnez. Esa era la meta de mi viaje por Argelia, pues allí deseaba rendir pleitesía a san Agustín, el gran sabio, santo y uno de los cuatro Padres de la Iglesia de la antigüedad del rito latino, junto a san Ambrosio de Milán, san Jerónimo de Estridón y san Gregorio Magno.

Desde que en mi adolescencia leyera su libro autobiográfico "Confesiones" había deseado conocer Hipona, la ciudad donde ejerció de obispo y murió tras un asedio de los vándalos durante el siglo V. Su tumba se encuentra en la ciudad italiana de Pavía, que ya había visitado en un viaje anterior.

Caminé desde la estación de tren de Annaba hasta lo alto de una colina donde se localizaba la basílica de San Agustín. Hube de atravesar un sitio arqueológico con las ruinas de la antigua ciudad de Hipona. Al llegar, esperaba encontrarme con una basílica antigua, pero el párroco me informó que databa de finales del siglo XIX y fue concluida justo el año 1900 utilizando los restos de la iglesia que el propio san Agustín construyó. Era atractiva; me gustó la vista de la que se disfrutaba desde ella, pues estaba encarada hacia el mar, mirando a Roma. También me sedujo la imponente estatua en la entrada representando a san Agustín.

Como comprobaría ese día gracias a mis charlas con las gentes en Annaba y con los huéspedes de mi hotel, todos respetaban la memoria de san Agustín, incluso los musulmanes; todos reconocían que había sido un pensador y filósofo excepcional.

Asistí a la misa y compré un cirio. Había fieles de países católicos centroafricanos, y hasta observé peregrinos magrebíes.

Lo más histórico de la basílica era una urna que albergaba un hueso de San Agustín. Sobre ella estaba escrito en francés: "SAINT AUGUSTIN PRIEZ POUR NOUS".

El párroco era de Kinshasa, capital de la República Democrática del Congo, y se alegró de encontrarse con un español. Me contó acerca de la vida de san Agustín y de sus viajes por el norte de África asistiendo a congresos eclesiásticos con otras comunidades cristianas. Había nacido a pocos kilómetros al sur de Annaba y en su juventud fue maniqueo, pero en un viaje a Milán se encontró con san Ambrosio (otro de los cuatro Padres de la Iglesia) y se convirtió al cristianismo. Muchos historiadores consideran a san Agustín un genio, una de las personas más inteligentes que ha dado la humanidad.

Durante mis viajes había visto otros huesos de santos cristianos, así como el cuerpo incorrupto de san Francisco Javier en Goa (India), lo cual me había emocionado, al igual que me emocionó ver el hueso de san Agustín.

Las catedrales que había admirado recientemente en las ciudades de Orán y Argel superaban en belleza y espectacularidad a la basílica y procatedral de Hipona. Sin embargo, la de Hipona era más sagrada y su valor residía en su historia y en haber vivido en ella durante 35 años san Agustín.

EGIPTO

82. Monasterio de Santa Catalina

En los años 80 del siglo XX viajé con frecuencia a Egipto de tanto que me complacía el país, y en cada ocasión nunca dejaba de pasar un par de días en el hostal del interior del monasterio de Santa Catalina. El nombre lo recibe de la mártir santa Catalina de Alejandría, está regentado por monjes griegos de la Iglesia ortodoxa y es lugar de peregrinación para judíos, cristianos y musulmanes.

El monasterio fue edificado a mediados del siglo VI donde se supone que Dios se apareció a Moisés en forma de una zarza ardiente, la cual hoy se resguarda en el interior del monasterio.

Los monjes no te dejan visitar todas las instalaciones del monasterio, pero lo poco que te permiten ver y sus tesoros, más las charlas con ellos, son razón más que suficiente para viajar allí, además de la estética del monasterio, su historia y ubicación en un cañón. Su biblioteca constituye la segunda más extensa del mundo cristiano en manuscritos y códices, tras la del Vaticano, y su colección de iconos es extraordinaria. El profeta Mahoma se refugió en el monasterio protegido por los monjes cuando escapó de unos enemigos, por ello en agradecimiento les tendió un documento, llamado "Ashtiname", en el que pedía que no se dañara el monasterio. Iba firmado con el dibujo de su mano. En el siglo XVI unos soldados otomanos se llevaron el documento original a Estambul, donde hoy se custodia. En el Sinaí quedó una copia y otra más se conserva en el monasterio de Simonos Petra, en el Monte Athos (Grecia).

Varias de las veces que viajé a ese monasterio pasé la segunda noche en la cima del Jebel Musa (Monte Sinaí), de unos 2300 metros de altura. Al comenzar a oscurecer iniciaba el ascenso, y al llegar justo donde, según el Antiguo Testamento, Dios entregó los Diez Mandamientos a Moisés, desplegaba mi saco al lado de una pequeña capilla llamada Santísima Trinidad y me tumbaba a dormir. Me levantaba con los primeros rayos del sol para disfrutar de las bellas vistas de los picos de las montañas que ofrecía el lugar.

En uno de esos ascensos del año 1988 coincidí de madrugada en la cima del Monte Sinaí con el entonces presidente de Francia, François Mitterrand, que había subido a lomos de un camello junto a una comitiva, y nos invitó a desayunar a mí y al pequeño grupo de españoles que allí estábamos, a la vez que charlamos con él amistosamente sobre diversos asuntos.

De visitar con regularidad Santa Catalina había hecho amistad con uno de sus porteros, un joven beduino cuya familia estaba empleada en el monasterio para cultivar en los huertos las olivas, las uvas, la miel y las diversas granjas, por ello los beduinos del Sinaí han jurado eterna fidelidad a ese monasterio y a sus monjes griegos.

Ese beduino, Salah Gebeli, siempre me regalaba postales al verme, y hasta un libro acerca de la historia del monasterio, que aún conservo.

83. Esfinge de Guiza

Me hallo junto a la Esfinge de Guiza

He viajado numerosas veces a Egipto, en las que visité los templos sagrados de la antigüedad, estudiando la mitología egipcia. Siempre me sorprendieron los conocimientos que tenían sobre el alma humana. Los egipcios descomponían el ser humano en el cuerpo físico, o "JAT", mientras que el "SAH" era el cuerpo espiritual. El "KA" era la fuerza vital, la energía de la vida, que se mantiene con alimentos. El "IB" era el corazón, de donde surgen los sentimientos y la conciencia. El "AJ" es el espíritu glorificado, representado por el ibis, y está relacionado con la energía de las estrellas. Y el "BA" es el alma del hombre al dejar el cuerpo humano; se le simboliza con un ave con cabeza humana.

Pero la experiencia más sagrada y mágica que he tenido en ese país me sucedió precisamente durante mi primer viaje, en el año 1984. En un hotel del centro de El Cairo hice amistad con varios viajeros y uno de ellos, de nacionalidad inglesa, me contó que la noche anterior había dormido en lo alto de la pirámide de Keops.

En aquel entonces se podía trepar hasta la cúspide de esa pirámide burlando a los guardianes, o bien sobornándolos por un puñado de libras egipcias en caso de ser sorprendido por ellos. Según el inglés, había que llevar consigo una manta, pues el viento allí arriba era frío. Me contó que hasta era posible pasar una noche en el interior de Keops.

Yo no había trepado a esa pirámide, aunque días atrás penetré en su interior como un turista más, arrastrándome por sus estrechos corredores.

Un buen día, inspirado por la narración del viajero inglés, dejé el hotel y tomé un autobús a Guiza decidido a dormir, no en la cima de la pirámide de Keops, sino en otro lugar que considero aún más fantástico y sagrado: la Esfinge.

Esa noche esperé a que acabaran los shows de Luz y Sonido en diversos idiomas para los turistas. Tras ello, trepé por una verja, desplegué mi saco de dormir y me instalé a los pies de la Esfinge para descansar hasta el amanecer. Y así durante siete noches. Deseaba adquirir baraka.

Durante esas noches la Esfinge me indujo a intuir el significado de los cuatro símbolos de su alegoría, que también representan a los cuatro evangelistas a manera de un tetramorfo: el toro de san Lucas, el león de san Marcos, el águila de san Juan y el ángel de san Mateo. El cuerpo de toro reposa sobre garras de león y está flanqueado por dos alas de águila (hoy desaparecidas), y la cabeza humana evoca amor, pues es un ángel. Si el ser humano acomete su búsqueda personal del significado de la vida con la solidez y fuerza de un toro, con el poderoso arrojo de un león, con miras altas como las que logra el águila en los cielos y, como el ángel, irradia pureza y amor hacia todo lo que respira, alcanzará su designio.

Reflexioné y llegué a la conclusión que esa Esfinge era un "legamonismo", o un legado de sabiduría de civilizaciones anteriores a la humanidad. Y de entre las Siete Maravillas del Mundo de la antigüedad, el complejo que alberga las pirámides de Egipto es la más importante y espectacular de todas ellas.

84. Deir al Baramus

Iba viajando en autostop desde El Cairo a Alejandría. El hombre que me recogió en el último tramo me comentó que pasaríamos por el valle de Wadi El Natrun, donde se ubicaban cuatro monasterios coptos.

Al oír esto los ojos me empezaron a brillar. Inmediatamente le rogué que me depositara en el cruce de la carretera con esos cuatro monasterios, a lo que el buen hombre accedió.

Semanas atrás había visitado por unos días dos monasterios coptos en un oasis del desierto, cerca del mar Rojo; se llamaban San Antonio y San Pablo, y la estancia en ellos había sido entrañable, por ello quería repetir la experiencia en alguno del valle de Wadi El Natrun.

Caminé bajo el sol los 12 kilómetros que me separaban del primero, parecido a una fortaleza, cuya edificación había sido diseñada en forma de cruz sobre el lecho de un río seco. Se llamaba Deir al Baramus, o de los Romanos, porque según una leyenda fue fundado en la primera mitad del siglo IV por dos hermanos que eran hijos del emperador de Roma Valentiniano. Los otros tres eran: San Macario el Grande, San Bishoi y el Monasterio Sirio. Los cuatro pertenecían a la Iglesia copta, o egipcia (copto significa egipcio), fundada por san Marcos Evangelista.

El patriarca de Alejandría de la Iglesia copta no aceptó las conclusiones sobre la naturaleza de Jesucristo del concilio de Calcedonia del año 451, ni tampoco las iglesias de Siria, Etiopía, Eritrea y Armenia, por lo que se separaron de las hoy Iglesias católica y ortodoxa.

Los monjes de Baramus al verme llegar me dieron la bienvenida. Enseguida fui aceptado a permanecer en el monasterio tres días y tres noches en una celda individual. Primero me sirvieron té y también el almuerzo, pues llegué justo a la hora de comer, y a continuación pidió verme el propio abad, con quien mantuve una larga charla. Cuando me preguntó por la razón de mi visita le respondí que buscaba respuesta a una pregunta: ¿por qué estoy aquí? Y estaba persuadido de que el viajar a los lugares sagrados me ayudaba a ese propósito.

Tan íntimo fue el intercambio de ideas con él, un hombre santo, que me sentí inspirado para pasear por el desierto por varias horas, sin rumbo fijo, meditando sobre todo lo que me había contado el abad sobre la elevación del ser y el propósito de la existencia, pero sin jamás perder de vista el monasterio por miedo a perderme, y a este efecto iba lanzando cada pocos metros huesos de olivas negras que me había comido durante el almuerzo, para recordar el camino de regreso en caso de que se produjera una tormenta de arena. La paz interior que me provocó ese paseo por la quietud del desierto fue inenarrable.

Al regresar, justo a la hora de la cena, el cocinero, llamado Mohammed, con quien haría amistad, al explicarle dónde había estado me contó que muchos monjes de los cuatro monasterios practican la meditación paseando por el desierto durante varios días, sin comer y sin beber. Para dormir marcaban con el dedo una gran cruz en la arena y se tumbaban en el interior. La cruz les protegía de los ataques de las fieras del desierto. Otros monjes, incluso en la actualidad, buscando la soledad absoluta, encontraron cuevas en el desierto y se quedaron allí a vivir. En el pasado los monjes eran atacados por bereberes y beduinos.

Mohammed no era monje, sino médico en El Cairo. En el pasado fue un jugador empedernido y pasó varios meses en Las Vegas (Estados Unidos de América) gastándose fortunas y frecuentando mozas que practicaban la profesión femenina más antigua de la humanidad. Un día se arrepintió de su vida disoluta, volvió a ejercer la medicina, abandonó su religión islámica y se convirtió al cristianismo copto. Esos días los había tomado libres en su hospital para ejercer de cocinero voluntario en Baramús y de este modo expiar sus pecados de Las Vegas. También había hecho lo mismo en los otros tres monasterios del valle de Wadi El Natrun.

Cada día asistía a la misa junto a los aproximadamente 50 monjes que vivían en Baramus. La iglesia se asemejaba a las ortodoxas del Monte Athos por los iconos, frescos y lámparas, pero en la iglesia copta hay alfombras en el suelo. Al entrar hay que descalzarse, y las postraciones son muy similares a las de la religión musulmana. El abad, para bendecir, vertía gotas de agua sobre las caras de los fieles. Todos los monjes llevaban la cabeza cubierta con unos pañuelos de topos.

Algo de mí dejé en ese monasterio cuando lo abandoné el cuarto día para proseguir mi viaje a Alejandría.

ETIOPÍA

85. Debre Libanos

Monjes del monasterio Debre Libanos

En Adís Abeba, la capital de Etiopía, abordé un autobús a Bahir Dar, donde deseaba visitar unos monasterios sobre islas en el lago Tana. Por el camino hubo diversos controles militares y al descender del autobús para los registros siempre aparecían monjes que solicitaban limosnas para la reconstrucción de alguna iglesia. Yo solía darles unos pocos birrs. Fue cuando uno de los monjes me sugirió visitar su monasterio, llamado Debre Libanos, asegurándome que era el más sagrado de Etiopía.

Le hice caso y al llegar al cruce con el sendero que conducía a ese monasterio le pedí al chófer del autobús que frenara para descender. Caminé unos cuatro kilómetros por la ladera de un impresionante cañón del macizo de Etiopía bordeando el curso del río Nilo Azul.

Al llegar a Debre Libanos me atendieron varios monjes, haciéndose cargo de mí uno llamado Kafelo.

Tuve mucha suerte, pues esos días había celebraciones de Pascua y se había desplazado desde Addis Abeba el gran "Ichege", la tercera categoría eclesiástica de Etiopía, tras la de "Abuna" y la del Patriarca. Debido a ser el único extranjero, el Ichege se interesó por el motivo de mi visita y me invitó a cenar en su mesa en el refectorio. Era la única comida del día; los monjes eran vegetarianos. Calculé que allí habría unos 700 monjes y, al parecer, yo era el único laico.

Tras el refrigerio me mostraron mi celda para dormir.

Al día siguiente Kafelo me mostró Biblias antiguas regalos de reyes y emperadores, y los bastones de plegarias que portan todos los monjes, con la empuñadura bellamente labrada mostrando cruces metálicas.

Luego salimos a pasear por las montañas de los alrededores para visitar los lugares del entorno. Desde esas alturas la visión del monasterio era muy insólita, lo que me hizo recordar a un monasterio griego que había visitado años atrás, el de San Jorge de Coziba en el desierto de Judea, entre Jerusalén y Jericó, empotrado en la pared de un desfiladero.

Subimos a una cueva sagrada en la parte alta del cañón junto a numerosos fieles que habían llegado de diversas partes de Etiopía con cántaros y botellas para llenarlas con agua de efectos curativos que fluye de tal cueva, en la cual vivió el santo Tekle Haymanot, el fundador del monasterio de Debre Libanos en el siglo XIII.

Según me explicó Kafelo, Tekle Haymanot fue una especie de faquir que vivió casi inmovilizado durante 29 años sin salir para nada de esa cueva. Todavía se conserva su cadáver incorrupto en una parte de ella, prohibida a los curiosos.

A la salida de la cueva observé agujeros en medio del cañón donde vivían otros monjes emuladores de Tekle Haymanot.

De regreso al monasterio, participé en todas sus actividades. El templo ya estaba lleno de varios centenares de monjes rezando en voz alta, de pie, con el bastón de plegarias apoyado bajo sus barbillas. Yo les imité y me coloqué junto a ellos con ayuda de un bastón que Kafelo me prestó. Todos los monjes iban descalzos sobre las alfombras del templo. Esa misa duraría seis horas y se celebraba en idioma ge'ez, que los etíopes pronuncian como "guis", y es un idioma extinto, como el latín.

Tras la misa, Kafelo me trasladó al sótano, a otra iglesia, también llena de monjes, así me pareció. Pero Kafelo me explicó que eran novicios. Allí se postraban y arrodillaban por ser un lugar sagrado donde se habían producido milagros desde los tiempos de Tekle Haymanot. Trajeron incluso un difunto, para cuya alma pidieron misericordia.

Un poco más tarde regresamos al templo principal y me quedaría de nuevo rezando y observando los curiosos ritos litúrgicos, hasta que llegaron grandes cantidades de mujeres con las cabezas cubiertas por pañuelos; portaban bebés de pecho para que fueran bautizados por el gran Ichege.

Todos los hombres portaban bastones. Las mujeres, con tatuajes de una cruz en la cara y otros en la barbilla, llevaban de sus cuellos collares con una moneda de plata de María Teresa de Austria.

Muchos monjes portaban unos vistosos paraguas con dibujos de estrellas brillantes de varios colores, que representaban al universo.

Tras el bautizo, todos comulgaron. Yo también. El gran Ichege nos tocaba la frente bendiciéndonos y a continuación nos dejaba besar su bastón. Acto seguido, nos entregaba un trozo de torta a base de injera —una masa de mijo—, que debíamos ingerir a la manera de la hostia, y bebí dos cucharaditas de zumo de frutas y de agua.

Tras el yantar en el refectorio junto al Ichege, Kafelo se dirigió a mí y me pidió con tono grave:

—Ven conmigo; te voy a enseñar un ejercicio cristiano-etíope para que aprecies mejor el valor de la vida.

Y me condujo a las catacumbas del monasterio, a una celda subterránea abierta que no tenía puerta, donde pasaría esa noche. Me pidió que no durmiera hasta la madrugada, y que en esas horas imaginara que acababa de morir físicamente.

Y tras darme unas cuantas indicaciones de lo que debía hacer en ese tiempo, desapareció, aunque noté que furtivamente se acercaba a mi celda y, de reojo, intentando no ser sorprendido, me vigilaba. Por la mañana me enteraría de que lo hacía porque era responsable de mí, y así se lo había pedido el Ichege, pues ha habido personas que tras ese ejercicio han visto tal horror a su situación que se han suicidado. Y es que ese ejercicio es mágico y trascendental.

Seguí las recomendaciones de Kafelo, me aislé de todo pensamiento impuro y puse en práctica el ejercicio que me había enseñado.

En esa cueva subterránea debía imaginar que ya no estaba en este mundo, que estaba muerto y que mi espíritu se había "desdoblado" a la manera de un cuerpo astral, y se elevaba para observar mi cuerpo humano allí en esa celda, inerte, como si fuera un cadáver.

Visualicé esa situación. Sentí mucho frío, vacío y una inconfortable soledad.

A continuación debía "juzgarme" sopesando los hechos morales e inicuos cometidos durante mi vida en el interior de mi cuerpo físico, a la manera del famoso papiro "El Juicio de Osiris" del Libro de los Muertos, donde a Osiris le presentan la balanza de cada espíritu y ha de dirimir si le concede la inmortalidad o lo arroja al ammit, un monstruo con cabeza de cocodrilo, torso de león y patas de hipopótamo, que lo devoraría en un santiamén.

Repasé mi vida desde que tenía uso de razón, de manera cruda y despiadada, sin trucos ni engaños, sin intentar justificarme, como si estuviera pasivamente sentado en un cine viendo una película. Pasó rápido; hay pocos momentos "estelares", la mayoría de las situaciones de la vida son "paja", sin consistencia. Se recuerdan los momentos que más te han marcado, que por lo general son los que están cargados de sentimientos, más que las acciones cerebrales o físicas.

Pensé en todo lo que podía haber hecho en mi vida, pero desperdicié el tiempo y no lo hice.

Me vi miserable allá abajo, y me arrepentí de muchas cosas, sobre todo de haber dilapidado mi existencia en nimiedades.

¡Es horrible! –pensaba–. Nada había quedado de mí, nada. Mi alma no se había desarrollado, no había eclosionado. Sentí que había sido como una semilla que cayó en la arena, o fue comida por los pájaros antes de dar su fruto. Pronto mi cuerpo se descompondría y nada subsistiría de mí, solo leña. ¡Qué situación más aterradora!

Quise gritar, llorar, desgarrarme las vestiduras, arrancarme de tres en tres los pelos del pecho, rogar volver a la vida para enmendar la dirección, para expiar mis errores del pasado.

Entonces me convencí de que si estuviera otra vez dentro de ese cuerpo no desperdiciaría mi vida como lo había hecho hasta ese momento, sino que la aprovecharía para desarrollarme, sin pérdida de tiempo.

¡Qué memo he sido! –exclamaba–. ¡Cómo he derrochado mi vida! ¡Ah, si estuviera vivo de nuevo, qué diferente sería todo ahora en un cuerpo humano! Si me dieran otra oportunidad apreciaría la vida en todo su esplendor, saborearía cada segundo como único, hermoso, sagrado…

Perdí la noción del tiempo, no sé si en esa celda estuve una o diez horas. Súbitamente, apareció Kafelo y me dijo:

—Es suficiente, volvamos al refectorio. El Ichege quiere verte.

Me quedé pálido, sin hablar durante un buen rato, como un zombi, como si hubiera resucitado del mundo de los muertos. Estaba sobrecogido.

Miraba a mi alrededor, pero mis ojos ya no veían lo mismo que dos días atrás. A partir de entonces resolví que tomaría la vida más en serio, pues no había tiempo que perder; mi vida restante sería una lucha encarnizada contra el tiempo, y determiné ponerme manos a la obra para desarrollar mi germen rápido, antes de que mi cuerpo envejeciera demasiado. Debería viajar a más lugares sagrados para encontrar seres sabios que hayan experimentado lo mismo que yo y pedirles consejo.

Me despedí del Ichege y luego le di a Kafelo una pequeña suma de birrs para que pudiera coger un autobús y peregrinar a un lugar sagrado que ansiaba conocer.

Abordé un autobús y dos días más tarde arribé a los monasterios sobre las islas del lago Tana, donde sus monjes me aceptaron a vivir en ellos y compartir sus ceremonias.

86. Lalibela

La iglesia Beta Ghiorgis de Lalibela

Llegué un mediodía a Lalibela, la segunda ciudad más sagrada de Etiopía, tras Axum. Pronto me instalé en el primer hostal que encontré, donde no tenían luz eléctrica, como en la mayoría de ellos. Me hicieron pagar 3 noches por adelantado. La Oficina de Turismo arreglaba las visitas a las once principales iglesias esculpidas en la roca, de una sola pieza, que databan del siglo XIII; algunas eran subterráneas, a ras de tierra, que solo se ven al acercarte a ellas. El precio por visitar todo el lote no era caro e incluía un guía que hablaba el inglés, pero yo preferí conocerlas a mi aire.

En viajes anteriores había visitado Petra en Jordania, y otros trabajos de templos tallados en roca en Sri Lanka y la India que me hicieron recordar a esas 11 iglesias de Lalibela.

Algunas iglesias albergaban monjes y otras eran monasterios en activo. Los motivos ornamentales incluían las cruces esvásticas dibujadas correctamente, con las aspas hacia la izquierda simulando el movimiento de las galaxias, al contrario de la cruz nazi, cuyas aspas están invertidas.

Seis de ellas estaban situadas muy cerca las unas de las otras, al norte de un río llamado Jordán. Entre ellas me gustó Beta Medhane Alem, de unos 34 metros de largo por unos 24 de ancho y 11 de alto. Cuatro más se localizan al sur de ese río. La onceava iglesia, mi favorita, se llamaba Beta Ghiorgis, o Casa de Jorge, representando al santo en conflicto eterno con el dragón, al que vence en defensa de una dama. El caballero representa al Hombre con su cerebro, su caballo es el cuerpo físico que lo sustenta, y el dragón simboliza las pasiones que tiene que dominar, pero no matar, para que de este modo la bella dama, o su alma, a la que salva, pueda manifestarse sin ser devorada por el dragón.

La iglesia de San Jorge está construida en forma de cruz griega y mide doce metros desde el nivel del suelo hasta la puerta de abajo. Si no te indican dónde se halla pasa desapercibida, pero una vez que se descubre uno no puede menos que maravillarse, hincarse de rodillas y agradecer a los arquitectos por haber legado esa obra de arte a la humanidad.

Entre los complejos de iglesias existen pasadizos, pasillos, arcos, huecos en las rocas que sirven de cama a anacoretas, campanarios, patios interiores, columnas perfectamente equilibradas, iglesias inclinadas como la Torre de Pisa... Y a todo esto se añade el estar encerradas entre montañas, como si se quisieran ocultar a las hordas de invasores musulmanes.

El cuarto día viajé en autobuses y camiones a la ciudad más sagrada de Etiopía: Axum.

87. Iglesia de Santa María de Sion

Interior de la iglesia de Santa María de Sion

Como la ruta a Axum pasaba por los alrededores de un monasterio legendario, llamado Debre Damo, resolví bajarme del autobús en un cruce y caminé en su dirección.

Para acceder a él había que trepar por una soga unos 15 metros hasta una cueva. Observé que monjes que deberían tener más de 60 años trepaban con gran agilidad, como si fueran lozanos mancebos.

El monasterio estaba prohibido a las mujeres y a los animales. Al concluir el ascenso, la primera pregunta fue si había tenido relaciones sexuales en las pasadas 48 horas. Contesté negativamente y fui entonces admitido.

Me descalcé, entregué un donativo de unos pocos billetes de birrs que me sugirieron los monjes y acepté una cerveza sin alcohol que ofrecen a los visitantes en señal de bienvenida. Habría unos 200 monjes, muchos de ellos no habían salido del monasterio en años.

Como me explicarían, ese monasterio fue fundado en el siglo XIII en el mismo emplazamiento donde se hallaba otro del siglo VI.

Tras Debre Damo viajé a la vecina Axum y me vino la idea de penetrar en el lugar donde se custodia el Arca de la Alianza, dentro del Sancta Sanctorum de la Capilla de las Tablas de la Iglesia Nuestra Señora de Sion, erigida sobre un antiguo templo pagano.

La Iglesia Santa María de Sion data de mediados del siglo XVII y ha sido el lugar tradicional donde siempre se han coronado los emperadores de Etiopía.

Existen varias teorías principales sobre el paradero de tal Arca. Una afirma que se halla oculta en Jordania, pero la más plausible y la que es apoyada por documentos históricos afirma que la reina de Saba durante su visita al rey Salomón en Jerusalén se quedó embarazada de él, dando a luz a Menelik, quien, cuando se hizo adulto y se convirtió en el rey Menelik I, quiso conocer a su padre y viajó a Jerusalén. A su vuelta a Etiopía se trajo con él el Arca de la Alianza, que exteriormente era un cofre de madera de acacia negra revestida de láminas de oro que medía cerca de un metro y medio de largo por unos 80 centímetros de ancho y otros tantos de alto. En su interior se supone que se hallan las dos tablas de la ley que Dios entregó a Moisés en el Monte Sinaí, la vara florida de Aarón (el hermano de Moisés) y un vaso de maná.

En la entrada a la iglesia Nuestra Señora de Sion había varios porteros con garrotes, pero yo tenía intención de penetrar en la Capilla de las Tablas furtivamente, por lo que no quise llamar la atención utilizando esa puerta principal, ya que al ser el único extranjero destacaba entre los fieles. Rodeé el complejo y allí donde observé que la altura de la verja era menor reuní varias piedras, me encaramé sobre ellas y con mis manos trepé y me introduje en el recinto. Acto seguido corrí hacia el interior de la Capilla de las Tablas y me descalcé.

Solo me restaba ahora apartar la cortina de tela a 2 metros de distancia para penetrar en el Sancta Sanctorum y contemplar con mis ojos esa reliquia tan deseada por tantos reyes, príncipes y exploradores a lo largo de los siglos. Nadie había llegado tan lejos como yo para encontrarse ante el Arca de la Alianza.

¡Dios mío, qué emoción! Tragué saliva, arremetí contra la cortina y... ¡Pardiez, voto a bríos, qué sucede! Una mano con fuerza poderosa me agarró del hombro, preguntándome:

—¡¿Adónde vas, osado?! ¡¿Es que acaso ignoras que ahí dentro se encuentra la sagrada Arca de la Alianza?!

Era el guardián, un descendiente de los ancestrales levitas de la tribu de Leví, cuyos miembros se ocupan de la custodia del Arca de la Alianza desde los tiempos del rey Salomón. Era viejo, con largas barbas blancas, pero de mirada penetrante y autoritaria.

¡Qué rabia! Era entrar ahí precisamente lo que me proponía, pero la inoportuna intervención del viejo monje lo impidió. Tras excusarme, me quedé un rato contemplando los iconos, frescos, candelabros y arquitectura de la iglesia en general y salí afuera bajo la mirada atenta del viejo monje. Había leído que el Arca de la Alianza solo puede ser vista por el monje más anciano de la iglesia, quien momentos antes de morir designa a su sucesor, que será el nuevo guardián de tan fantástica reliquia. Pero yo al menos lo había intentado.

Entré entonces en la catedral donde justo se estaba celebrando una larga misa. Había monaguillos que tocaban los tambores y multitud de fieles descalzos que rezaban con la vehemencia usual. En el interior no había columnas y la cúpula la encontré más grande que la de Santa Sofía en Constantinopla; parecía que iba a derribarse de un momento a otro.

Justo frente a la catedral se hallaba el complejo de ruinas arqueológicas de Axum, sin ocultar, visible desde la calle. Vi varias estelas de espectacular diseño y dimensiones. La más grande y ligeramente inclinada medía 21 metros de alto, más 2 de profundidad. Fuera del recinto encontré otra, rota en varios pedazos, que en su día midió 33 metros. A unos pocos kilómetros de Axum se hallan unas 300 más. Otra de 28 metros de alto, erigida el siglo IV, se hallaba en Roma, adonde fue llevada por los italianos en los tiempos de Mussolini, siguiendo la costumbre europea de expoliar las riquezas artísticas de los países colonizados.

Curiosamente, esa estela la había ya visto en Roma durante un viaje a Italia. Sería devuelta a Etiopía el año 2005.

En Axum cada estela se componía de "pisos". En lo alto se distinguía una media luna y el sol, mientras que abajo se encontraba delineada una puerta, presumiblemente para dar salida al alma del difunto, ya que era obvio que esas estelas cumplían funciones funerarias, pues para los antiguos lo más importante en la vida era tener una muerte digna, realizada como hombre, habiendo cumplido satisfactoriamente el designio que se espera de él.

MARRUECOS

88. Moulay Idrisse

Al comenzar a oscurecer abordé un autobús en la ciudad de Mequínez (o Meknes) hacia la población de Mulay Idrís (o Moulay Idrisse).
Durante el trayecto iba afligido porque en el "zaouia" –o monasterio
islámico de Mequínez– los miembros de una hermandad sufí llamada
Isawiyya –que databa del siglo XV– no me habían admitido a presenciar
su música mística al considerarme un "infiel", y me echaron fuera del
recinto de malas maneras, con insultos y gritos.

Marruecos es un país musulmán donde no se permite la entrada a
sus mezquitas y otros lugares sagrados a los que no profesan el islam.

Y por si fuera poco, los pasajeros del autobús me advirtieron de que
al no ser musulmán era muy probable que no me admitieran en Moulay

Idrisse, ya que es la ciudad más sagrada de Marruecos, el equivalente a La Meca en Arabia Saudita, y un gran centro de peregrinaje.

No me inquieté por ello, pues sabía que a unos 4 kilómetros de distancia de Moulay Idrisse se encontraba el yacimiento arqueológico romano Volubilis, catalogado como patrimonio mundial por la organización UNESCO, y al lado había un "riad", o especie de hotel para turistas extranjeros, donde podría alojarme.

Al llegar observé que Moulay Idrisse estaba asentada alrededor de una colina. El lugar era atractivo, me recordó a los "villages perchés" del departamento francés Alpes-Maritimes.

En la estación de autobuses vi anuncios de hoteles escritos en árabe, francés e inglés. Encontré en un callejón un hostal y de inmediato fui aceptado sin serme requerida mi religión. Es más, como estábamos en el mes sagrado de ramadán y ya era oscuro, el dueño y unos huéspedes marroquíes iban a celebrar el fin del ayuno de ese día, y me invitaron a unirme al festín, consistente en carne de cordero, tortas de pan, higos y té.

Esa villa fue fundada en el siglo VIII por Idrís, nieto de Alí y, por lo tanto, descendiente directo del profeta Mahoma. Participó en una rebelión fallida en Bagdad contra el califa Harún al-Rashid. Todos los rebeldes fueron ajusticiados, excepto Idris, que escapó de la matanza y se dirigió al Magreb, o lugar donde se pone el sol. Se refugió en Volubilis, donde los bereberes le acogieron y aceptaron las enseñanzas del islam que les trajo. Pocos años después murió envenenado en Fez por orden de Harún al-Rashid, y su cadáver fue trasladado a Mulay Idrisse, donde se ha construido un santuario.

Por la mañana recorrí la mayor parte de los callejones y en tres ocasiones intenté entrar en el santuario de Idrís I, a quien se le considera el fundador de Marruecos y fundador de la dinastía Idrisí, pero siempre era descubierto por los marroquíes a la entrada, quienes adivinaban mi nacionalidad y me amonestaban en lengua española. Al final, como consolación, me marché a pie a Volubilis y visité sus ruinas.

AMÉRICA

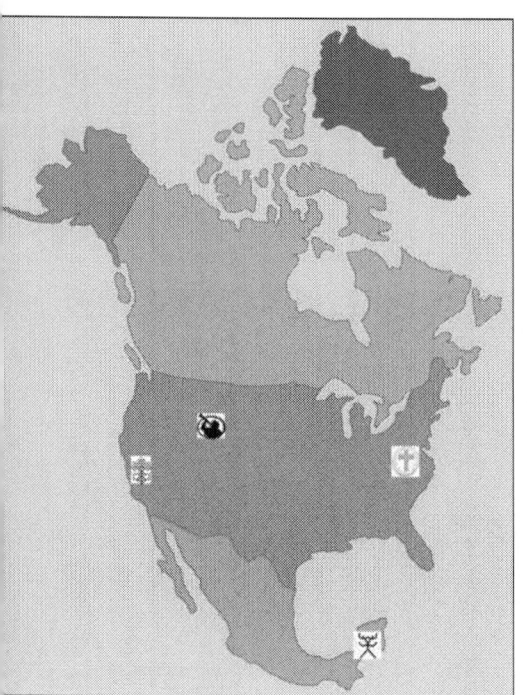
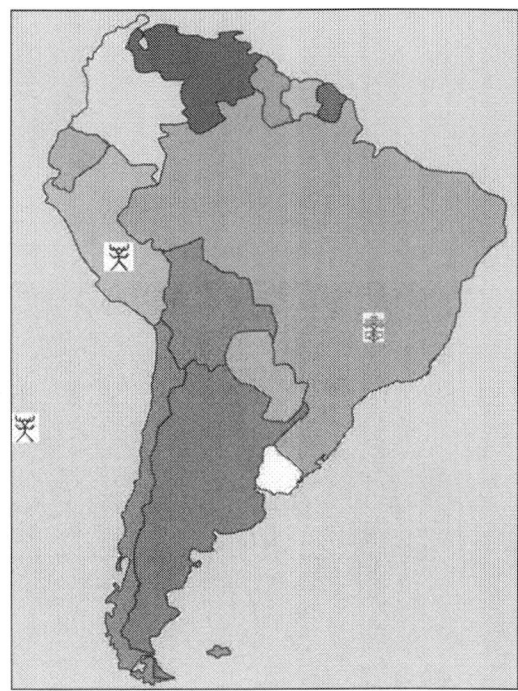

Alrededor de un 85% de los americanos profesan el cristianismo con sus variantes católica, protestante y mormona, principalmente. El resto lo forman adherentes del judaísmo, islam, hinduismo, budismo. También se practican rituales como el vudú o la santería, traídas por los africanos llevados a América para ser esclavizados.

Antes de la llegada de los europeos, las religiones de América eran politeístas y destacaban por los masivos sacrificios humanos y la antropofagia, como fueron la azteca, la maya o la inca. Los indígenas de América del Norte conocían como Manitú al gran espíritu creador de todas las cosas.

BRASIL

89. Santuário de Bom Jesus de Matosinhos

Brasil es el país con más cantidad de católicos del mundo y sus gentes son muy creyentes. Visité varios lugares sagrados que congregaban peregrinos, como la "Igreja de nosso senhor do Bomfim", en la ciudad de Salvador, estado de Bahía, donde me uní a miles de fieles para adquirir una especie de amuleto llamado "fitinha", o cinta que se coloca en la muñeca y nunca se quita, hasta que acaba descomponiéndose por sí sola. En Río de Janeiro me sorprendí por la devoción de los brasileños en el monasterio de San Benito (Mosteiro de São Bento), y también en el Convento da Penha, en la ciudad de Vila Velha (estado de Espíritu Santo), cuya visión me recordó a los monasterios griegos de Meteora.

Pero el lugar sagrado de Brasil que más me conmovió, a pesar de que no coincidí con la fecha de peregrinaje, fue el Santuário de Bom Jesus de Matosinhos, en la ciudad de Congonhas, del estado de Minas Gerais.

Arribé a Congonhas sobre las 9 de la noche. Caminé bajo la oscuridad al centro y el primer hotel que encontré me atrajo por el nombre: Hotel dos Profetas, con un letrero donde aparecía la efigie de un profeta de la Biblia. Pregunté por la disponibilidad de un cuarto individual y justo tenían uno libre. Por la mañana, tras desayunar, me dirigí a pie a lo alto de una colina, donde se hallaba el santuario del Buen Jesús, que constituye uno de los lugares de peregrinaje más importantes en Brasil.

Antes de llegar a él pasé junto a seis capillas ubicadas a ambos lados de una avenida. Estaban cerradas, pero por una rendija pude apreciar en su interior las estatuas de madera policromada representando la pasión de Cristo. Las estatuas eran perfectas, tan reales que, por ejemplo, en las que personificaban la Última Cena parecía que Jesús y todos los apóstoles estaban vivos. Tan atónito me quedé que paré a una chica que descendía por esa avenida y le rogué que me diera información sobre esas capillas. Por ella supe que eran obra de Antonio Francisco Lisboa, mejor conocido como Aleijadinho, el artista brasileño más importante del período colonial portugués. Aleijadinho era hijo de un padre portugués de profesión carpintero y de una mujer africana que había sido raptada y llevada a la fuerza a Brasil para ejercer de esclava. Nació en la vecina población de Ouro Preto, donde se hallan muchos de sus trabajos. Los últimos años de su vida sus miembros sufrieron una atrofia debido a una enfermedad y por ello le llamaron aleijadinho, que en portugués significa el pequeño lisiado. Un ayudante le tenía que atar el cincel y el martillo en los brazos por no poder usar sus manos.

Al subir más arriba de la avenida me pareció experimentar un "déjà vu", pues las escalinatas eran una réplica casi exacta de las del Santuario Bom Jesus do Monte que había visitado en Braga, Portugal.

Al llegar arriba advertí doce figuras que representaban a doce profetas del Antiguo Testamento, como David o Jeremías. Se anteponían al santuario, embelleciéndolo. Mientras tomaba fotografías, unos policías, un hombre y una mujer que custodiaban ese santuario, me explicaron que su autor era Aleijadinho, quien las esculpió cuando ya tenía 60 años de edad. Me quedé a hablar con ellos. Fue cuando el hombre me dio su opinión sobre el significado de esas doce estatuas, una por una. Al parecer, debido a que Aleijadinho era masón, había añadido símbolos cabalísticos en las doce figuras, en sus gestos y vestimentas. También había un paralelismo entre los doce profetas y personajes de la conocida como Inconfidência Mineira (Conspiración Minera) de Minas Gerais. El profeta Jonás representaría a un líder de tal revuelta al que los portugueses descuartizaron. No tuve suerte al visitar el interior del santuario, pues estaba lleno de andamios por estar haciéndose restauraciones y debido a ello no pude admirar su esplendor al completo, aunque en su construcción noté influencia italiana y su decoración era de claro estilo rococó.

Tras esa visita caminé unos 100 metros hasta otro lugar relacionado con el santuario, que se llamaba Romaria, cuya estructura parecía una plaza de toros. Era ahí donde se alojan los peregrinos pobres durante las fiestas de romería del mes de septiembre, conmemorando el Jubileu do Senhor Bom Jesus de Matosinhos. En la Romaria se ubicaba la Oficina de Turismo, pero ya no me fueron necesarios los folletos ni mapas que me entregó la moza al cargo; la gente local ya me había dado todas las explicaciones que necesitaba para comprender ese lugar. Por ello caminé hasta la estación de autobuses para proseguir mi viaje a la búsqueda de otros lugares sagrados de Brasil.

Me hallo en el Santuário de Bom Jesus de Matosinhos

CHILE

90. Rapa Nui

Camino entre los moáis de la isla de Pascua

Había visitado en Chile diversos lugares sagrados, como son las iglesias de madera de la isla de Chiloé, o el antiguo convento de San Francisco, en Santiago, que fue la primera construcción religiosa erigida en el país. Sin embargo, el lugar que más me sorprendió tanto por su cualidad sacra como por su exotismo lo constituyó el conjunto de cerca de un millar de "móais" –o estatuas de piedra– de la isla de Pascua, conocida hoy como Rapa Nui por los nativos polinesios que allí residen, aunque en el pasado la llamaban "Te pito o te henua", que significa "el ombligo del mundo".

Volé desde Santiago de Chile y al aterrizar en la isla de Pascua encontré varios nativos que ofrecían alojamiento. Seguí a una mujer que me llevó en su auto a una especie de cortijo donde alquilaba habitaciones a un precio moderado en la población de Hanga Roa. Varios extranjeros que viajaban en el mismo avión también fueron con ella.

Tras instalarnos, la dueña nos invitó a cenar y trató de vendernos figuritas de madera representando a los moái, al dios "kava-kava", y una tablilla reproduciendo la escritura de los primeros habitantes polinesios, o "rapanuis", llamada rongo-rongo. En la cena éramos: un australiano, un holandés, un danés, un ruso y yo.

El turista ruso, llamado Sascha, estaba dando una larga vuelta al mundo. El día siguiente alquiló un jeep y nos llevó a varios de nosotros con él por turnos para explorar la isla, no solo a contemplar los moáis, sino también a entrar en las cuevas, disfrutar de las playas –como la de Anakena– y ascender al volcán Rano Raraku. La isla es pequeña, tiene una superficie de unos 160 kilómetros cuadrados.

Llegamos a descubrir la cantera de piedra de donde se extraían los moáis y se les daba forma antes de clavarlos en sitios determinados, representando difuntos. La técnica era parecida a la de los antiguos egipcios al construir obeliscos.

Los antiguos polinesios moradores de Rapa Nui creían que al levantar esos moáis representando a los difuntos, entre los siglos XII y XVII, estos les ayudarían desde el más allá proyectando "mana", o un poder sobrenatural sobre sus descendientes.

Los moáis miden de 4 a 22 metros de altura y están tallados en una sola pieza, que suele pesar varias toneladas; se hallan erectos, hundidos en la tierra y también tumbados, como derribados. Algunos portan sobre sus cabezas una especie de "sombrero" de piedra de color rojiza, que supuestamente pertenecerían a los notables. Pero también encontramos en la isla multitud de petroglifos representando pájaros, peces, una tortuga, una foca, un mono, seres humanos simbolizando al hombre pájaro, etc.

El día de mi partida volé en solitario a Tahití para visitar por esas islas de la Polinesia diversos templos o maraes polinesios, y tikis –unas estatuas antropomorfas–. Todos mis compañeros del cortijo permanecerían en la misteriosa Rapa Nui unos cuantos días más. A bordo del avión tuve la convicción de que había conocido un lugar mítico del planeta, y me sentí jubiloso.

ESTADOS UNIDOS DE AMÉRICA

91. Tabernáculo de Salt Lake City

Viajando desde la ciudad de Las Vegas, en el estado de Nevada, en dirección a Canadá, resolví detenerme tres días en una ciudad que debía atravesar por carretera: Salt Lake City (Ciudad del Lago Salado), en el estado de Utah, ya que deseaba conocer más acerca de la religión de los llamados "mormones", o la Iglesia de Jesucristo de los Santos de los Últimos Días, que cuenta con unos 17 millones de seguidores en el mundo entero.

Al llegar a esa ciudad me instalé en un alojamiento que encontré. El segundo día salí por la mañana en compañía de José María, un mexicano también huésped de mi hostal, y visitamos en el centro el Tabernáculo y un museo que explicaba la historia de los mormones.

El tabernáculo era bello; su techo era ovalado, en forma de cúpula, y según un letrero databa de la segunda mitad del siglo XIX.

Allí, unos mormones muy educados, con el cabello casi al cero y luciendo una camisa blanca con un imperdible indicando su nombre en una chapa, nos explicaron que el 10 por ciento del salario de un seguidor de su fe es entregado a su iglesia, que de este modo envía misioneros a todo el mundo para propagar su mensaje. Y si algún mormón quiebra en su negocio, o está necesitado, se le concede ayuda de ese fondo.

En el museo, un guía nos mostró unos cuadros colgados con los dibujos de los profetas del pasado: Abraham, Moisés, Jesús y, por último, estaba la figura de Joseph Smith, el fundador de la Iglesia de Jesucristo de los Santos de los Últimos Días. Según sus adherentes, en el año 1823 a Joseph Smith se le apareció un profeta resucitado llamado Moroni, quien le reveló el escondite de unas planchas de oro con inscripciones, que él descifró y tradujo al inglés, escribiendo "El Libro de Mormón", que constituiría la segunda Biblia, aunque esas tablillas ya no existen para ser verificadas, pues se las llevó Moroni. En esa segunda Biblia se afirma que Jesucristo habría aparecido por segunda vez en el continente americano; los indios serían los descendientes de tribus judías que habrían llegado en balsas desde Israel a América. Para apoyar esta teoría, atribuían a tal viaje en balsas la creación de las avanzadas culturas de los aztecas, mayas e incas, así como una expedición que realizó el noruego Thor Heyerdahl en el año 1970 cruzando el océano Atlántico en un bote de papiro llamado Ra, desde Marruecos al mar Caribe.

Nos contaron también que Joseph Smith tuvo alrededor de 40 esposas, ya que los antiguos mormones eran polígamos. Cuando lincharon a Joseph en una prisión a la edad de 39 años, le sucedió otro mormón que "heredó" varias de sus esposas, las cuales sumó a las 12 que ya poseía. Tras una penosa marcha de casi 2000 kilómetros que realizaron desde el estado de Illinois, llegaron al actual emplazamiento de Salt Lake City, junto a un lago salado, lugar que consideraron idóneo para establecer su base definitiva.

Por una Biblia mormona en español que nos regalaron comprendimos que se trataba de un relato en quince libros escrito por "Mormón", uno de sus profetas, sobre un período de historia que se remonta al año 600 antes de Jesucristo y concluye el año 421 de nuestra Era, cuando el último profeta, Moroni, enterró las planchas de oro, más dos piedras, en un monte del estado de Nueva York que se llama Cumorah. Joseph Smith llegó a pretender formar un estado soberano y comprar esclavos negros, y propuso su candidatura a la presidencia de los Estados Unidos de América.

El hecho de que el nombre de ese monte fuera Cumorah, donde supuestamente se apareció el profeta resucitado, llamado Moroni, me hizo identificarlo con el actual país de las islas Comoras y su capital, Moroni.

Esa noche hubo un coro a cargo de los mormones de la ciudad y fuimos invitados. Nos encantó. Ese coro está considerado uno de los más importantes de los Estados Unidos de América y de todo el mundo.

92. Misión San Carlos de Borromeo de Carmelo

San Carlos Borromeo de Carmelo

Durante un viaje desde Alaska a México en barcos y autobuses, realicé una parada de varios días en el estado de California para visitar 5 misiones erigidas por los monjes jesuitas entre finales del siglo XVIII y principios del XIX, y que luego fueron regidas por los franciscanos cuando los jesuitas fueron expulsados de América. Hoy constituyen lugares sagrados de peregrinación.

De esas cinco misiones la que me proporcionó un mayor sentimiento sacro fue la de San Carlos Borromeo de Carmelo.

En San José tuve que hacer trasbordo en un autobús local hacia Monterrey, de donde me trasladé inmediatamente en otro a Carmel-by-the-Sea, y luego caminé por la entrada de un verde valle hasta que divisé la misión, fundada por el mallorquín fray Junípero Serra (hoy ya santo), el artífice de varias de las 21 misiones de la entonces llamada Alta California, para diferenciarlas de las misiones de Baja California, en México.

La misión era al mismo tiempo un museo, pero ya era tarde para visitarlo, por lo que entré en la basílica, que permanece abierta las 24 horas del día. Varios fieles se iban turnando en una especie de imaginarias durante toda la noche para evitar que gente desalmada causara destrozos en su interior, cosa que ya había sucedido en el pasado. Había un teléfono conectado con la Policía para pedir socorro en caso de que alguien amenazara con ocasionar desperfectos o actos blasfemos en ese sagrado lugar.

Cuando comenzó a oscurecer y me sentí cansado, me acosté primero sobre los bancos de madera, y poco más tarde en el suelo, dentro de mi saco de dormir. Previamente había avisado de mis intenciones al guardián de turno.

Mi iniciativa fue acogida con simpatía, aunque no era original; apenas un mes atrás una mujer alemana ya había pernoctado en los bancos de madera de esa basílica al estar realizando a pie un peregrinaje por las misiones españolas durmiendo en todas las 21, como si se tratara de una especie de Camino de Santiago en España.

Antes de la misa del amanecer me desplacé al patio para no molestar a los asistentes. Y una vez que a las 9 de la mañana abrieron el museo, pagué 5 dólares y me quedé visitándolo durante varias horas, deteniéndome por un buen rato en el magnífico sarcófago de fray Junípero Serra. Fue emotivo leer en un letrero que en esa misión se habían hospedado navegantes tan ilustres como Alejandro Malaspina, George Vancouver, el Conde de La Pérouse y aún otros menos conocidos, que realizaron viajes notables por el océano Pacífico.

Tras la visita del bello altar entré en el refectorio, vi el cuarto espartano donde dormía fray Junípero y luego salí al patio para pasear por los alrededores de la escuela donde estudian niños de Carmel-by-the-Sea.

Antes de la llegada de los misioneros, los indios vivían en barracas de paja y palos que, cuando estaban demasiado sucias, simplemente las abandonaban y se construían una nueva. Cuando llegaron los monjes bautizaron a los indios, les enseñaron el Evangelio y a labrar la tierra, el arte del cultivo y la ganadería de los animales traídos de España, como gallinas, cerdos, vacas, cabras, etc., a cocer tejas -que colocaban como techo en las misiones- y ladrillos de adobe para las paredes. Los indios bautizados trabajaban para las misiones y muchos vivían en ellas y ayudaban en su construcción.

Fray Junípero Serra fundó 9 de las 21 misiones de la Alta California, además de muchas otras en México. Las 21 misiones, que hoy son joyas arquitectónicas, además de históricas y sagradas, se extienden desde San Diego a San Francisco, siguiendo el Camino Real, que transcurre por la actual carretera (Highway) 101.

En un libro que compré en la tienda a la entrada de la misión leí que san Carlos Borromeo nació en el seno de una familia adinerada italiana, pero renunció a las riquezas para ordenarse sacerdote. Años más tarde fue nombrado arzobispo de la ciudad de Milán y finalmente obtuvo el rango de cardenal. Vivió en el siglo XVI e hizo amistad con el religioso valenciano san Francisco de Borja.

Tras haber dormido esa noche en el interior de esa misión sentí que me penetraba una gran energía interior que me ayudaba a proseguir mis visitas a otras misiones; me comparaba con el conductr de un vehículo que efectúa un viaje largo y se va cargando de combustible en las gasolineras de la carretera para poder continuar su ruta.

Poso junto a una estatua de madera representando a fray Junípero Serra en la misión San Carlos Borromeo de Carmelo

93. Los Amish de Pensilvania

Los Amish viajan en su carro por Intercourse

Una mañana tomé un tren desde Filadelfia a Lancaster. Allí visité en primer lugar el mercado, donde advertí varios puestos regentados por Amish que vendían sus productos, tales como quesos, miel, dulces, jugos de frutas, té, etc. Todo era de pura elaboración artesanal, utilizando los mejores ingredientes de sus huertas, sin añadidos químicos. En otro puesto noté que vendían bellos edredones hechos a mano. Los Amish iban vestidos de manera vistosa; las mujeres usaban cofia y se recogían el pelo mediante un moño. Los hombres, si estaban casados, se dejaban la barba, pero no el bigote, utilizaban tirantes para sujetarse los pantalones y se cubrían la cabeza con un gorro de ala ancha. No se cosían botones en sus ropajes porque les recuerdan las vestimentas militares, ni tampoco lucen ningún tipo de alhajas. Rezan antes de acostarse y se despiertan con la salida del sol. Son gente pacífica e inocente.

Junto al mercado había un museo muy didáctico, llamado Heritage Center, que explicaba acerca de la vida de los Amish.

Allí aprendí que las comunidades Amish se esparcen no solamente por Pennsylvania, sino también por los estados de Ohio (la más numerosa) y de Indiana. En Canadá se les localiza en la provincia de Ontario. Se calcula que la población de Amish de las aproximadamente veinte comunidades de Norteamérica asciende a unos 250.000 seres.

Había un apartado en el museo donde se exponía que los Amish emigraron a América durante el siglo XVI escapando de la persecución religiosa que sufrían en Europa. Procedían básicamente de Suiza, aunque también algunos eran de Alemania y de Holanda. Profesaban la religión cristiana anabaptista, lo que significa que bautizan a sus hijos cuando estos alcanzan la pubertad, pero antes les preguntan si prefieren vivir con ellos y observar sus costumbres o marcharse al mundo exterior. La práctica mayoría de los jóvenes deciden quedarse en sus comunidades, aunque otros pasan primero un tiempo fuera, en una ciudad para experimentar, pero a los pocos meses regresan a sus aldeas desengañados del sistema de vida americano. Las lenguas que hablan son tres: el denominado "alemán de Pennsylvania", que mezclan con algunas palabras del inglés; le sigue el "viejo alemán", que utilizan para las ceremonias religiosas y las conversaciones serias entre los notables de cada comunidad; la tercera lengua es el inglés, para comunicarse con el mundo exterior.

Cada comunidad Amish observa un Ordnung, o normas de comportamiento. No obstante, entre ellos no hay un equivalente al papa de Roma que abrace a todos los Amish.

En realidad, como averiguaría ese mismo día, en los alredededores de Lancaster viven no solamente los Amish, sino también otra comunidad llamada los Mennonitas. Ambas derivan de las enseñanzas del reformador protestante Ulrich Zwingli (nacido en Suiza), continuadas por Menno Simons (nacido en los Países bajos). Pero en el año 1693 uno de sus miembros pensó que los Mennonitas no eran lo suficientemente rígidos en sus doctrinas y creó un cisma, los Amish, mucho más puros y fieles a las enseñanzas originales de Ulrich Zwingli, rechazando usar la electricidad y la mayoría de las ventajas del mundo moderno.

Compré un billete de autobús a Intercourse para ir retornando a Lancaster caminando poco a poco por la carretera 340, deteniéndome en Bird in Hand y otros villorrios Amish.

Cuando veía a lo lejos una granja con silos me acercaba a pie y trababa conversación con los Amish, que eran muy afables y sociables, mientras que yo los había imaginado inescrutables, herméticos, de pocas palabras. Los que más curiosidad sentían por mi presencia en sus granjas eran los adolescentes. Hablaban el inglés correctamente, con el acento típico americano. Cuando les decía que era español comprobaba que todos habían estudiado sobre España, su cultura y tradiciones, y se quedaban admirados de que les visitara alguien de un país tan lejano.

Los niños pequeños se paseaban descalzos y tenían columpios en los patios. Los Amish suelen formar familias numerosas.

Sus risas, asombro y comportamiento eran genuinos, frescos, inocentes; me pareció que preservaban la psicología de la Europa del siglo XVI.

Me hizo gracia ver colgar del tendedero unos diez pantalones típicos de los hombres Amish, de color azul, todos alineados por tallas, que se secaban al sol.

Tras aceptar una jarra de bebida de zarzamora me despedí de ellos y proseguí mi paseo.

Por la carretera pasaban frecuentemente carros tirados por caballos con familias Amish a bordo, que son llamados "buggies", y a veces mujeres utilizando un patinete para desplazarse que impulsaban con un pie, lo que me hizo recordar los patinetes de ruedas con los que yo jugaba en mi infancia.

Entré en la Oficina de Información de Intercourse, regentada por un afable Amish con el que me quedé hablando por más de una hora y le acabé comprando un libro sobre su modo de vida.

Ese cordial Amish me contó que en las granjas de Intercourse y Bird in Hand viven unos 27.000 miembros Amish de la vieja escuela, más unos 12.000 Mennonitas, que también utilizaban buggies para sus desplazamientos. Si los caballos de los buggies son blancos, pertenecen a los Amish, y los negros son de los Mennonitas.

Aparte de estos 27.000 y 12.000 Amish y Mennonitas, habría otros 45.000 más que usaban coches, pero seguían observando la religión de los anabaptistas.

Según mi nuevo amigo, los Amish estaban desengañados de la vida en América, la "tierra del hombre libre", por tener el porcentaje más alto del mundo de gente encerrada en cárceles, y sienten que el Gobierno estadounidense ha traicionado a sus ancestros, quienes abandonaron Europa a la búsqueda de otras tierras donde adorar a Dios, pero ahora se aperciben de que en América la libertad se traduce por una licencia para dar rienda suelta a los instintos más bajos del hombre.

Yo estaba admirado relacionándome con los Amish y observando su vida virtuosa, pero encontré un defecto ajeno a ellos: la comercialización de su fama por gente impía que se había instalado a lo largo de esa carretera 340 para ofrecer desde bodegas con degustación de vinos a muñequitos representando a la parejita de Amish con las ropas típicas, a la manera de las figuritas de andaluces con castañuelas, sombreros cordobeses, abanicos, banderillas y toritos, que venden en las tiendas para turistas en España. También vi otros negociantes que alquilaban buggies, hoteles estilo granjas de Amish, restaurantes con auténtica comida Amish, campos de golf... En resumen, esos comerciantes estaban convirtiendo Intercourse y Bird in Hand en una Disneylandia, y los Amish no podían hacer nada para evitarlo; era el "derecho al libre mercado".

Desde Intercourse caminé a lo largo de una carretera haciendo desviaciones para visitar iglesias y granjas Amish, pues a pie es la mejor manera de conocer la vida de esas personas entrañables. Cerca de Bird in Hand entré en uno de sus restaurantes, llamado The Family Cupboard, donde había un menú por 10 dólares estadounidenses y el café estaba incluido. Pedí un plato alemán del siglo XVI que consistía en pollo con patatas y algunas verduras, más zarzaparrilla para beber. Todos los ingredientes eran puros y caseros.

Cuando empezó a oscurecer caminé a Lancaster, donde abordé un tren de retorno a Filadelfia. Durante el trayecto iba pensando que Dios, preocupado por las manifestaciones irresponsables de gran parte de los humanos, degradados y ruines, con sus guerras, crímenes, felonías, vicios indignos y actos contra natura, cuando eche un vistazo a las comunidades Amish, sonreirá, se aplacará y dará a la humanidad otra oportunidad.

MÉXICO

94. Chichén Itzá

Poso frente al templo de Kukulcán

El segundo país del mundo con más millones de católicos es México, por detrás de Brasil. Por ello en mi viaje por ese país visité numerosas catedrales e iglesias que databan de los tiempos cuando México formaba parte de España. Peregriné a la venerada basílica de Santa María de Guadalupe, el lugar sagrado más popular de todo el continente americano, que cada año recibe la visita de unos 20 millones de peregrinos.

En cuanto a los monumentos religiosos precolombinos, no me dejé los construidos por los aztecas (mexicas) y otros pueblos de Mesoamérica. Y aunque la zona arqueológica de Palenque fue mi sitio favorito, el lugar que me pareció más sagrado fue la ciudad maya de Chichén Itzá, complejo que data del siglo VI de Nuestra Era. Durante el año 2007 Chichén Itzá fue elegida como una de las siete maravillas del mundo moderno junto al Coliseo de Roma, la estatua del Cristo Redentor en Río de Janeiro, la Gran Muralla China, el Machu Picchu en Perú, Petra en Jordania y el Taj Mahal en India.

Me instalé una semana en la ciudad yucateca de Mérida, desde donde a diario realizaba una excursión de ida y vuelta a los templos mayas y toltecas de los alrededores. El día que empleé en conocer Chichén Itzá fue el más rico en impresiones y conocimientos.

Durante unas 8 horas recorrí todos los sitios interesantes de Chichén Itzá, comenzando por la pirámide de Kukulcán con un templo en la cima. Kukulcán significa "serpiente emplumada", aunque los españoles la llamaban "el castillo". Era espectacular. Un letrero indicaba que había sido construido entre los siglos VII al X de Nuestra Era.

Vi una figura en forma humana llamada Chac Mool que llamó mi atención y me pareció muy simpática, incluso me subí a ella y le pedí a una amiga canadiense con quien viajaba que me hiciera unas fotos sentado sobre una especie de recipiente en la barriga de la estatua. Luego me explicaron que en ese recipiente se colocaban los corazones de los niños sacrificados, pues era un altar. De hecho, Chac Mool, nombre que se traduce por "garra roja de jaguar", era un dios muy sanguinario.

Tras ello nos dirigimos al "cenote sagrado", o pozo, que los mayas consideraban la entrada al inframundo y le ofrecían regularmente sacrificios humanos, sobre todo niños.

Hasta esa visita a Chichén Itzá yo creía que solo los aztecas realizaban sacrificios humanos y eran caníbales, pero en Chichén Itzá aprendí que también los mayas eran antropófagos y asesinaban a los niños para calmar a sus dioses. Esas prácticas fueron prohibidas a la llegada de los españoles en el siglo XVI.

No se conoce otro pueblo más sanguinario en la historia de la humanidad que el azteca. En cada uno de los 18 meses aztecas había festejos con sacrificios humanos masivos y actos de canibalismo. Durante esas fiestas se sacrificaban a los dioses aztecas miles de niños, mujeres vírgenes, prisioneros de las tribus subyugadas, esclavos, gladiadores derrotados... y en cada una de ellas los sacerdotes aztecas bailaban vestidos con las pieles de los desollados y devorados, habiéndoseles previamente arrancado el corazón. Se calcula que cada año se sacrificaban unas 50.000 personas, que luego eran comidas. Por ejemplo, durante uno de los meses aztecas, el Hueytozoztli (del 3 de abril al 22 de abril), se sacrificaban numerosos niños diariamente hasta la llegada de lluvias abundantes.

Más lúdica fue la visita de El Caracol –del que se supone haber sido un antiguo observatorio astronómico maya–, el Templo de los Guerreros –de arquitectura tolteca– y la cancha del "Gran Juego de Pelota".

Cuando empezó a oscurecer regresamos en autobús a Mérida.

PERÚ

95. Machu Picchu

Al cruzar la frontera ecuatoriana y entrar en Perú determiné que uno de los primeros lugares sagrados que visitaría sería el Machu Picchu, tanto evocaba en mí ese nombre.

Una vez en Cuzco, abordé un tren hasta el kilómetro 88. No deseaba llegar al Machu Picchu como un turista, sino como un peregrino, a pie, siguiendo el Camino Inca.

No iba bien preparado, pues no llevaba tienda de campaña, aunque sí algo de comida en mi bolsa. Pero no me importó, y determiné que dormiría en el suelo o debajo de los puentes si era necesario durante los tres días con las dos noches que toma recorrer ese tramo de senderismo, como así sucedió.

¡Y al tercer día llegué al majestuoso Machu Picchu!

Había caminado 45 kilómetros por montañas, ríos y gargantas a más de 3000 metros de altitud y había admirado bellos paisajes con selva y ruinas incas en el camino. Sí, ese sendero había sido duro, pero llegar a la meta lo compensaba todo. Por fin me hallaba ante el majestuoso Machu Picchu, que tantas veces había contemplado en fotografías.

La vista era soberbia. La sensación de magnificencia y belleza adquiría más fuerza en todos los que habíamos recorrido el Camino Inca a pie por cuanto parecía que nos lo habíamos ganado a pulso. Y por ello, cuando nos acercábamos a la Puerta del Sol, dudábamos antes de bajar a unirnos a los miles de turistas que pululaban por el lugar, llegados en autocares lujosos. De seguro que nosotros más que nadie saboreábamos el magnetismo y la magia de esas montañas.

Antes de descender me quedé más de media hora admirando el conjunto, sentado sobre las ruinas de la Puerta del Sol.

Unos caminantes me propusieron unirme a ellos para escalar el Huayna Picchu, la montaña que se veía como telón de fondo tras el Machu Picchu, pero preferí quedarme más tiempo allí para saborear el magnetismo que transmitía el lugar.

Al final me decidí a bajar a la Ciudad Perdida de los Incas, el Machu Picchu, cuyo nombre significa Pico de la Vieja Montaña.

Machu Picchu es una ciudadela rodeada por montañas rocosas por todos los lados, y circundada por el cañón de Urubamba. Se cree que fue un centro ceremonial de los antiguos incas, y de hecho vi un letrero donde se definía el entorno como: "Santuario histórico de Machu Picchu".

Por las charlas con un guía local aprendí que Machu Picchu fue un centro civil y también religioso. Entre sus ruinas destacaban los restos de una pirámide y de varios templos, como uno llamado Templo del Sol. Otro templo se llamaba Tres Ventanas. Y también allí se hallaba la "casa del sacerdote" junto a la "Plaza Sagrada", que era donde se llevaban a cabo los rituales, como los sacrificios de niños. También los incas, al igual que los chimúes (otro pueblo de los países actuales de Perú y Ecuador, que sacrificaba niños), o aztecas, mayas y demás pueblos del actual país de México y los de Sudamérica, eran caníbales.

Para los antiguos incas la Pachamama era la "Madre Naturaleza" o la "Madre Tierra". El sol era el dios Inti y Viracocha era el dios supremo creador de todo el universo. También adoraban a la luna y había diosas del mar, de la comida, etc.

OCEANÍA

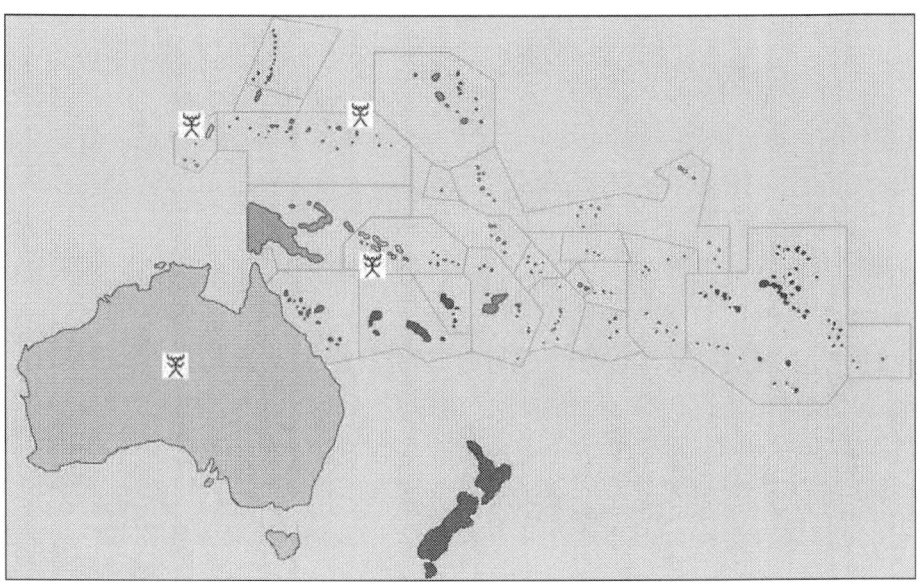

    Los lugares sagrados de Oceanía destacan por el culto a los antepasados. El Culto cargo en los países de la Melanesia surgió tras la Segunda Guerra Mundial, cuando los indígenas veían cómo los aviones estadounidenses lanzaban por paracaídas a sus islas bultos conteniendo alimentos, que creían eran enviados por sus antepasados, y ellos imitaron ese acto en una especie de "magia simpática".

    Los polinesios erigieron templos "maraes", pirámides como la de Pulemelei, en isla de Savai'i; un colosal trilito como el de Ha amonga a Maui, más tikis de piedra, o estatuas antropomorfas, como las de la isla Hiva Oa del archipiélago de las Marquesas, o los tótems de madera de los maoríes de Nueva Zelanda. Y los aborígenes de Australia crearon una cosmología basada en lo que se ha llamado "Tiempos del Sueño".

    El cristianismo es la religión mayoritaria. Existe alrededor de un 1% de hindúes, otro 1% de budistas y otro 1% de musulmanes.

AUSTRALIA

96. Uluru

El monolito de Uluru

Viajé a Uluru en los años 80 del siglo XX, cuando a ese peñón se le conocía en inglés como Ayers Rock. Representa uno de los mayores monolitos del mundo, con una altura de unos 350 metros. Me motivó conocerlo el saber que era un lugar sagrado para los aborígenes australianos, quienes a lo largo de una cultura de más de 40.000 años de antigüedad desarrollaron una religión natural y cosmogonía que ellos llaman "Tiempo del Sueño".

Una buena mañana comencé a practicar autostop en la ciudad de Alice Springs para alcanzar Uluru, ya que me informaron de que no existía transporte público. Me paró un autobús con un grupo de turistas que un guía llevaba a una excursión a Uluru y a las montañas Olga, que los aborígenes conocen por Kata Utjuta. El precio de la excursión de dos días de duración con una noche de alojamiento en un albergue me lo dejó tan bajo que acabó convenciéndome para que se lo comprara, cuanto más que había estado esperando en vano varias horas en la carretera a que alguien me recogiera en autostop. Eso sí, me tuve que sentar sobre un escalón de la puerta de atrás del autobús al no haber asientos libres, lo que no me importó. El guía sólo me impuso la condición de no revelar a los turistas el precio de saldo que yo había pagado.

Ese primer día llegamos ya oscureciendo a Uluru –o Ayers Rock– y a la mañana siguiente lo visitamos. Había oído decir que a los aborígenes no les gusta que se realice el ascenso a la cumbre por respeto al espíritu que lo mora. Sin embargo, no vi a ninguno de ellos que controlara, y como notara que la mayoría de los turistas subían, como los de mi tour, yo también lo hice. Había cadenas a manera de barandillas para que uno pudiera agarrarse. Una vez arriba se podía firmar en un libro de visitantes, anotando el nombre y la nacionalidad, cosa que también hice y al repasar las páginas noté que en varios meses no había pasado por allí ningún español.

Allí en la cima un sentimiento de plenitud penetró todo mi ser; la vista desde lo alto era mágica. Los aborígenes deben de tener razón cuando afirman que Uluru desprende energía; a mí me pareció recibirla.

El guía nos entregó unas copas de plástico, abrió varias botellas de champagne y nos invitó a beber para celebrar ese momento cumbre.

Al bajar rodeé parte del perímetro de la gran roca y observé que había petroglifos de los aborígenes donde dibujaban los mitos del "Tiempo del Sueño".

La siguiente excursión no fue menos atractiva. De Uluru viajamos en el autobús a las montañas Kata Utjuta, nombre que significa "Muchas Cabezas" en la lengua de los aborígenes, y albergan gargantas y valles frondosos. Al llegar, tuvimos tiempo libre para realizar alguna caminata, cosa que yo aproveché para trepar a la cima de la montaña más alta.

Desde la antigüedad los aborígenes celebran, aún hoy, frecuentes ceremonias en Kata Utjuta fieles a sus creencias del "Tiempo del Sueño", sobre todo por las noches. Pero nosotros no presenciamos ninguna, pues cuando empezaba a oscurecer volvimos en el autobús a Alice Springs.

El día siguiente abordé un autobús con destino Adelaida. Pero el autobús, en vez de dirigirse directamente hacia su destino, realizó a las pocas horas un desvío inesperado hacia un poblado para depositar a varias niñas aborígenes que viajaban a bordo.

Durante esa parada, que duraría aproximadamente una hora, tuve la oportunidad de comprobar in situ las deplorables condiciones de existencia de los aborígenes de Australia. Los que no están encerrados en reservas cerca de la ciudad de Darwin sobreviven en esos poblados en medio del desierto con algo de pastoreo y el dinero que perciben del Gobierno australiano. La mayoría de los adultos estaban abúlicos, algunos de ellos medio borrachos, pues el dinero del subsidio se lo gastan en whiskey. Los noté sin amor propio, una etnia cuya dignidad ha sido tan maltratada que ya no quiere seguir existiendo.

Oí que si una mujer aborigen se casa con un australiano de origen extranjero, es decir, un no aborigen, los propios congéneres la matarán, aunque este hecho es rarísimo, pues las mujeres aborígenes no destacan precisamente por su belleza. Muchas mujeres aborígenes ya no quieren tener hijos para que su raza no se reproduzca.

Y me contaron historias todavía más tristes sobre los aborígenes de Australia, que al oírlas me entraban ganas de llorar, como al recordar las fotografías en blanco y negro que había visto semanas atrás en el Museo Australiano de Sídney, donde se veía a los aborígenes en grupo, encadenados de pies y cuello.

Los ingleses, además de haber aniquilado a la mayoría de los aborígenes de Australia, habían exterminado completamente a la etnia oriunda de la isla de Tasmania, persiguiendo a los aborígenes con perros y envenenando los ríos con arsénico, hasta que no quedó ni uno solo.

Finalmente el autobús arribó a Adelaida.

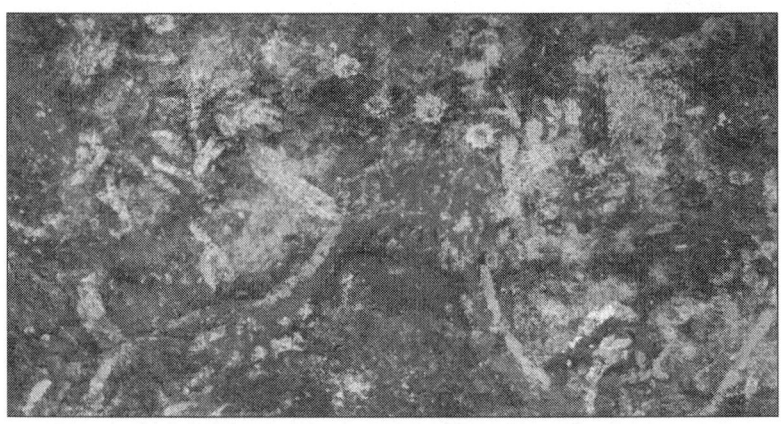

Pintura rupestre en Kuniya Walk,
cerca del pozo de agua Mutitjulu en Uluru

ESTADOS FEDERADOS DE MICRONESIA

97. Nan Madol

Las ruinas de Nan Madol

Encontrándome en Kolonia, la capital de la isla de Pohnpei, me hablaron de un lugar sagrado llamado Nan Madol, que significa "entre espacios" y estaba formado por unas 90 islas artificiales de misterioso origen.

Fue suficiente para que al día siguiente me dirigiera hacia allí. Al no haber autobuses tuve que caminar y hacer autostop. Atravesé un puente y penetré en la isla de Temwen, frente al complejo arqueológico de Nan Madol. Ya era la tarde y para visitar esos 90 islotes necesitaba los servicios de un barquero que me llevara allí remando, pero a esas horas no había nadie disponible; debería esperar al día siguiente. A pie no es posible cruzar los manglares para alcanzar Nan Madol cuando hay marea alta, como había ese día. Además, esas aguas suelen estar merodeadas por un pez que allí llaman "devil fish", que se alimenta de seres humanos y ronda las aldeas a orillas del mar, por eso todos los pescadores de Pohnpei llevan machetes cuando salen a faenar para defenderse si son atacados por ese pez asesino.

Me aceptaron a pasar esa noche en el dormitorio en una granja-escuela. El día siguiente negocié el precio con un joven barquero, alumno de esa escuela, que vivía en un islote vecino, para que me trasladara a los 90 islotes, mostrándome los más significativos. Y tras el almuerzo me llevó remando a Nan Madol.

El profesor de la granja-escuela me había explicado que ese Nan Madol constituyó un lugar de culto donde vivían las autoridades religiosas y los reyes de una dinastía llamada Saudeleur hasta inicios del siglo XVII. Previamente, entre los siglos VIII y XII, haciendo uso de miles de grandes bloques de basalto crearon una ciudadela sobre un arrecife de coral. Los súbditos de esos reyes sumaban unos 25.000, y vivían entre las islas de Temwen y Pohnpei.

El barquero me llevó primero a la Madol Powe, o la zona de las tumbas de los notables y las casas de los sacerdotes, y después fuimos a Madol Pah, donde se hallaba la residencia de los Saudeleurs, más una plaza central con un gran altar.

En cada parada contemplaba las construcciones megalíticas y me asombré al saber que alguno de esos bloques formando templos, criptas funerarias y murallas llegaba a pesar 50 toneladas.

El islote Nan Dawas fue el que encontré más estético y espectacular por sus columnas octogonales de 6 metros de longitud. También navegamos al islote Pahn Kadira, denominado la "Ciudad Prohibida". Luego nos dirigimos a Pahi y vi las 333 piedras que representaban a otros tantos guerreros. En Idehd los sacerdotes y brujos preparaban pócimas mágicas para los reyes; ese era el verdadero centro de Nan Madol, su capital.

Estaba tan entusiasmado que se me pasó el tiempo volando. El barquero no hacía más que advertirme que había que regresar a la isla de Temwen, pues la marea estaba bajando y su barca podría quedar encallada. Yo le dije que no se preocupara, pues si la marea bajaba yo regresaría a la isla de Temwen remangándome los pantalones, y le insté a que me dejara solo, pues aún había sol y quería seguir explorando el lugar. Él, resignado al comprobar mi estado de exaltación, me hizo caso y se fue.

Seguí correteando por entre los islotes tomando notas y cuando oscureció comprobé que el agua estaba muy alta, a la altura de mi cabeza y así no podía caminar ni tampoco nadar con mi ropa y bolsa de viaje. Resolví quedarme allí a pasar la noche, pues dentro de mi bolsa cargaba un saco de dormir, que usé como colchón. Me instalé en el islote Idehd, donde estaba el antiguo altar sobre el cual los brujos preparaban sus encantamientos y brebajes.

Me desperté con el sol. Debido a los mosquitos de la noche la cara la tenía como el mapa en relieve de la península Ibérica, con los montes Pirineos, la cordillera Cantábrica y el pico Mulhacén. Pero me sentía feliz.

La marea estaba baja, aunque regresar a la isla de Temwen me costó un buen rato, pues aquello parecía un laberinto. Pero lo logré. Acto seguido inicié la caminata combinada con el autostop hacia Kolonia.

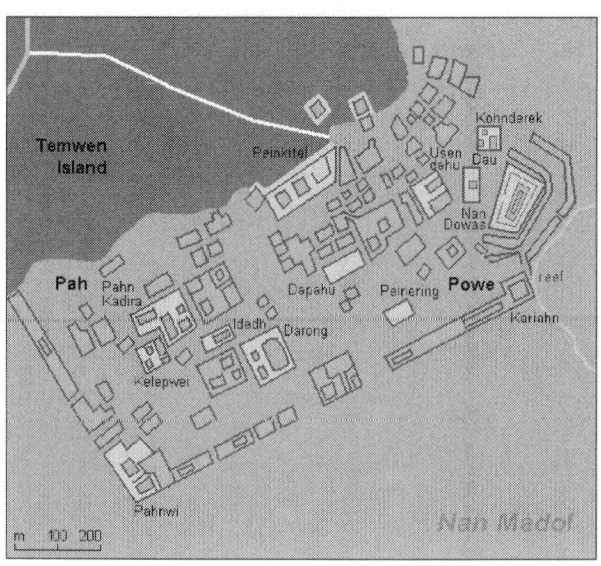

ISLAS SALOMÓN

98. Practicantes del culto Cargo

Cráneo de una cabaña de un hechicero

Desde Honiara, la capital de las Islas Salomón, abordé una lancha de unos vendedores de pescado que regresaban a sus aldeas en la isla de Malaita, pues había hecho amistad con uno de ellos, llamado Hari, que había prometido mostrarme dónde vivían los practicantes del culto a los antepasados.

Por el trayecto atravesamos islotes artificiales que los indígenas habían ido construyendo con infinita paciencia, piedra a piedra, para escapar de la malaria en la jungla y para evitar las guerras tribales que son tan frecuentes en el interior de Malaita, donde moran los temibles kwaio, que suman unos 15.000 y andan desnudos, compran mujeres con cerdos y matan con flechas envenenadas a los intrusos que rompen un tabú que tienen establecido: reír. Al que se ríe lo matan en el acto.

Atracamos en el poblado de Talakali y, como allí no había hoteles, Hari me invitó a pasar la noche en su casa.

Tras la cena me explicó que los que viven en las islas de los alrededores de la laguna costera, como él y su familia, son cristianos, mientras que los kwaio de las montañas creen en los espíritus de sus ancestros. Cuando un kwaio de las montañas muere, al difunto le arrancan la cabeza del tronco y la depositan en una cueva junto a otros cráneos de su clan. Un kwaio de las montañas es capaz de recitar de corrido unos 40 nombres de sus antepasados por riguroso orden cronológico. Ellos rechazan el cristianismo, ya que no lo necesitan, pues creen que los espíritus de sus muertos les ayudan desde el otro mundo, por ello los veneran. También adoran a los tiburones, que en otras islas causan estragos comiéndose a los indígenas, pero no en Malaita, pues los brujos kwaio les ofrecen con regularidad sacrificios de cerdos, y muchos difuntos kwaio se han reencarnado en tiburones para así no hacer daño a los kwaio vivos.

Como estuviera muy interesado en presenciar esos sacrificios de cerdos a los tiburones, le pregunté a Hari si esos días se iba a celebrar alguno de ellos, y me contestó que precisamente esos días en su isla no, pero que al día siguiente en la isla de Laulasi habría un mercado al que acudirían los kwaio bajados de las montañas.

Pasé ese día paseándome por las costas de la isla de Malaita y al amanecer mi amigo Hari me condujo en un bote a la isla de Laulasi, que era diminuta, del tamaño de un estadio de fútbol. Sus habitantes son kwaio proscritos de las montañas que se dedicaban a fabricar monedas de conchas de coral con las que compraban productos de la isla de Malaita, así como también agua potable, de la cual carecen en Laulasi.

Poco a poco fueron llegando mujeres y hombres kwaio prácticamente desnudos, cargados de frutas y nueces de betel, que trocaron por peces, cocos y conchas de coral. Nadie reía; las transacciones se llevaban a cabo en completo silencio. Había mujeres kwaio que fumaban tabaco que envolvían en una hoja de planta, y los hombres, asiendo en sus manos lanzas y arcos con flechas, mascaban betel y escupían su horrendo jugo rojo al suelo. Todos llevaban las caras tatuadas con dibujos geométricos y algunos de ellos tenían ojos azules y el pelo rizado rubio, lo que contrastaba con su cuerpo de color negro como el tizón. Se dice que la raza de los kwaio es la más guapa de la Melanesia. A las 7 de la mañana regresaron a la isla de Malaita y se internaron en el follaje. Era gente que parecía pertenecer a otro mundo.

Tras esa hora de mercado mi amigo Hari me mostró la cabaña de los hechiceros, donde realizaban sus ritos y guardaban los cráneos de sus antepasados; calculé que habría unos 60. Me presentó a los tres brujos que allí vivían. Dos eran jóvenes y el tercero era un viejo que de solo mirarlo me entraron escalofríos. Eran los encargados de sacrificar a los cerdos para satisfacer a sus antepasados reencarnados en tiburones los días de ceremonias.

Al salir de la cabaña le pregunté a Hari sobre un tronco de aspecto poderoso erguido en el centro de un altar todo ensangrentado. La explicación que recibí de Hari me dejó patidifuso:

—Este pilar es el sustento de nuestra fe. El año pasado sufrimos un ciclón que destruyó parte de la isla de Laulasi y todas las cabañas de nuestro islote, a excepción de la de los hechiceros; pero este pilar se mantuvo en pie ¡es un pilar sagrado! Cuando lo plantamos colocamos en su base uno de nuestros hermanos.

Entendí que habían introducido en su base un kwaio vivo, una especie de zombi que bajo un estado hipnótico se había sometido voluntariamente a tal sacrificio para satisfacer a sus antepasados.

— "¡Dios mío, qué lugar tan espeluznante!" –exclamé en español.

Hubiera querido visitar una aldea Kwaio en las montañas, pero Hari me advirtió que era suicida, ya que matan a todo intruso que osa viajar a su territorio, aconsejándome en cambio otra isla, llamada San Jorge, donde también se practica el culto a los ancestros, pero sus habitantes no matan a los visitantes.

Por la mañana Hari me desplazó al puerto, desde donde me embarqué al día siguiente a la isla de Santa Isabel, que crucé a pie durante tres días hasta llegar al extremo opuesto. Y una vez en la aldea de Kaevanga todos los indígenas me advertían de que no visitara la isla de San Jorge debido a los muchos espíritus que allí moran.

Pero yo me sentía muy osado, y cuanto más trataban de disuadirme yo me afianzaba todavía más en mi deseo de visitar una isla extraña entre las extrañas, que llevaba mi nombre por haber sido descubierta un 23 de abril por los exploradores españoles, así que a la mañana siguiente le di una propina a un indígena para que me llevara en su bote a la isla de San Jorge.

Recuerdo muy bien la cara de estupor del barquero que contraté para que me transportara a Talase, el único asentamiento de la isla de San Jorge, cuando le pedí que regresara a Kaevanga. Al principio debió suponer que era un turista caprichoso que deseaba echar un vistazo efímero a la isla para decir que había estado en ella, tomar varias fotografías y regresar al rato a la isla de Santa Isabel, mas cuando le confirmé y ratifiqué que allí me quedaría dos días y dos noches se santiguó y rápidamente emprendió el viaje de retorno a Kaevanga remando con todas sus fuerzas, sin volver la vista atrás.

Pero aún mayor sería el asombro de los indígenas de San Jorge al notar que el barquero se alejaba dejándome a mí en su isla. Llamaron al jefe del poblado y me invitaron a entrar en la "casa de la palabra", que pronto se llenó con las 40 familias que poblaban Talase.

Tras explicarle de qué isla era yo nativo, cómo se llamaban mis padres y cuántas horas se tardan en un "barco volador" (avión) de mi isla a su isla, añadí:

—"Me llamo Jorge, al igual que vuestra isla. Por eso quiero pasar en ella dos días completos para que me contéis historias sobre vuestros espíritus".

El jefe del poblado se llamaba Lot y se extrañó de que no tuviera miedo. Sin embargo, me informó de que me habían engañado, pues en esa isla no había espíritus, ya que hacía mucho tiempo que todas sus gentes se habían convertido al cristianismo.

Me sirvieron un refrigerio. Las 40 familias se me quedaban mirando atentamente mientras comía, pero yo no podía seguir ante la mirada de todos ellos, así que les rogué que me dejaran a solas.

Cuando acabé de comer, Lot vino a verme y comenzó a contarme historias sobre los espíritus de su isla.

Me explicó que en el pasado se conocía la isla de San Jorge como Beakama, que significa "lugar del diablo". Uno de sus antepasados se encontró en ese mismo sitio con los miembros de la expedición española a cargo del marino leonés Álvaro de Mendaña en el siglo XVI. Su antepasado más remoto se llamaba Bako, al que siguió Lenatbaba, que fue el primer hijo varón de su primera hija. Le sucedió su nieto Tatango; luego, Logi; después, Kamaneña. Posteriormente, su abuelo Beko y hoy era él, el señor Lot, el jefe de San Jorge. Su abuelo Beko poseía la facultad de comunicarse con los tiburones, los cocodrilos y los peces piedra que rondan esa bahía, así como la de invocar a sus espíritus. Pero él quería renunciar a esos poderes, olvidarse de ellos y practicar nada más que el cristianismo, pues consideraba que el Espíritu Santo del Evangelio es el espíritu más poderoso de todos.

Al contarme toda la vida de sus antepasados, que se remontaba hasta la llegada de los españoles de Mendaña, el señor Lot me dijo que se sentía liberado, pues yo me llamaba como su isla y era nativo de la misma isla que Mendaña, un hecho que consideró como un signo de la providencia.

Al día siguiente, Lot me condujo frente a la isla Siri, habitada por miles de serpientes venenosas; también me llevó a ver cráneos en una cueva y a la Bahía Mil Barcos. Y por la tarde acompañé a unos jóvenes a cazar jabalíes con sus lanzas.

La segunda noche Lot siguió contándome historias sobre sus abuelos.

El tercer día me despedí con mucho dolor de las entrañables gentes de la isla de San Jorge. Un nativo me llevó en su canoa de regreso a Kaevanga, en la isla de Santa Isabel, y un día más tarde regresé en barco a Honiara.

PALAOS

99. La Religión Modekngei

Abai donde se practica la religión Modekngei

En la isla de Koror abordé una lancha fueraborda que me dejó en la población de Melekeok, en la isla de Babeldaob, donde el jefe del poblado me permitiría pasar esa noche en el abai o casa comunal de madera. Esos abais eran lugares para dormir mucho mejores que los hoteles, pues al caer la noche acudían los nativos a conversar y yo aprovechaba para hacerles preguntas sobre sus costumbres y lugares sagrados.

Paseando por Melekeok observé en la entrada de una casa dos grandes piedras con caras humanas labradas, destacando las hendiduras de los ojos y nariz. Y pocos metros más adelante vi otra casa con una puerta de piedra que parecía un moái de la isla de Pascua,

281

en Chile. Tuve la sensación de que Babeldaob era la isla más sagrada de Palaos.

Al día siguiente continué en barco-stop hasta Ngiwal, más al norte, donde el jefe del poblado me habló sobre una ciudad antiquísima sumergida, que allí llamaban Ngiwal, pero para visitarla se necesitaba bucear.

No me quedé allí a dormir, sino que proseguí a pie durante 7 horas atravesando jungla, manglares y playas, hasta que alcancé Ngerchelong, sito en una península al norte extremo de la isla de Babeldaob, donde el jefe del poblado permitió que durmiera en el abai. También me informó de que no muy lejos de allí, en un lugar llamado Badralchau, que significa "abai de los dioses" y adonde un nativo me llevaría en moto al día siguiente, se yerguen 30 monolitos de piedra negra de 2 metros de altura colocados de forma rectangular, junto a una hilera de 7 monolitos más al fondo. Algunas de esas piedras tenían forma de cabezas humanas. Según me explicó el nativo, se trataba de un abai inacabado. Esos 37 monolitos debían servir de pilares para construir un gran abai, cuya gran piedra plana con inscripciones que haría las veces de techo se hallaba no muy lejos de allí.

Me quedé asombrado ante tan inesperado hallazgo. Tras unas 2 horas de inspeccionar el lugar resolví viajar hacia el sur de la isla por la costa opuesta. Y así, un día más tarde, gracias a un pescador de atún que me llevó en su lancha, llegué ya oscureciendo a la población más extraña que conocí en Babeldaob: Ibobang.

Al llegar, los indígenas me advirtieron muy seriamente:

—En Ibobang está prohibido fumar, beber alcohol, gritar delante de nuestro templo y cometer actos de bellaquería, pues tales son las reglas de nuestra religión, llamada Modekngei. Cada mañana a las 6 tenemos servicio religioso en nuestro templo. Todavía está a tiempo de marcharse de aquí y proseguir su viaje.

Pedí ver al jefe del poblado y le rogué que me permitiera quedarme allí a dormir en el abai para poder asistir a las 6 de la mañana a la misa de esa religión. Le prometí que no fumaría, ni bebería alcohol, ni tampoco cometería actos impuros o de felonía. Él accedió y ordenó a los nativos que me sirvieran de cenar en el abai.

Noté que todas las casas dejaban un candil encendido por la noche para ahuyentar a los espíritus malignos.

Me desperté muy temprano por la mañana; todo estaba aún oscuro. De hecho, apenas dormí de la emoción ante la idea de asistir a la misa. Fui el primero en llegar al templo.

Poco a poco iban llegando los indígenas con caras muy felices, sonriendo, saludándose con cortesía. Una mujer abrió las puertas laterales del templo, nos descalzamos, entramos y nos sentamos en cuclillas sobre el suelo de madera. Seríamos unas 50 personas. A una señal de la mujer, que era la sacerdotisa –ya que en Palaos se observa el matriarcado–, todos se pusieron a meditar cerrando los ojos. Así estuvieron unos 5 minutos.

Yo hice trampa y abrí un ojo para observar el comportamiento de los devotos.

Al acabar, la sacerdotisa, de unos 45 años, abrió una portezuela dejando ver un tapiz colgado con chinchetas con la imagen de Jesucristo, y a un lado el fundador de esa religión Modekngei en el año 1915, que combina el cristianismo con creencias animistas, la adoración de los espíritus, de las diosas y el respeto a la naturaleza.

A continuación todos se pusieron a cantar una dulce melodía de la que no entendí ni una sola palabra, pero que me pareció una letanía. Era uno de sus cantos, que llaman "keskes".

Cantaron durante unos 10 minutos. Luego siguió otra meditación de 5 minutos con los ojos cerrados. Finalmente, la sacerdotisa se puso a sisear durante un largo rato. Yo no sabía qué significaba, pero una vez acabada la misa los nativos me explicaron que la sacerdotisa estaba comunicándose con una serpiente, animal que adoran los seguidores de la religión Modekngei.

Al acabar el siseo, y todos en absoluto silencio, salimos del templo.

Tras esa iglesia me llevaron en moto a ver una estatua sagrada de una gran cabeza de piedra que simbolizaba el "doble yo", a pocos kilómetros de distancia, abriéndose camino en la jungla gracias a sus machetes. Sus rasgos eran perfectos; había una cara mirando al suelo y otra al cielo. Una cara representaba a un dios ancestral de Palaos y la otra era de una mujer, su consorte.

Saturado de impresiones, resolví regresar al día siguiente a la isla de Koror.

FIN

Índice

ASIA (22 países, 49 sitios)